Wok

p

Copyright © 2004 für die deutsche Ausgabe

Parragon
Queen Street House
4 Queen Street
Bath BA1 1HE, UK

Satz: Birgit Beyer
Redaktion: Ralph Henry Fischer
Koordination: Antje Seidel, Köln

ISBN 1-40542-139-8

Printed in Indonesia

HINWEIS

Sind Zutaten in Löffelmengen angegeben, ist immer ein gestrichener Löffel
gemeint. Ein Teelöffel entspricht 5 ml, ein Esslöffel 15 ml. Sofern nichts anderes angegeben ist, wird Vollmilch (3,5 % Fett) verwendet. Bei Eiern und einzel-
nen Gemüsesorten, z. B. Kartoffeln, sollten mittelgroße Exemplare verwendet
werden. Pfeffer sollte stets frisch gemahlen sein. Sofern die Schale von Zitrus-
früchten benötigt wird, verwenden Sie unbedingt unbehandelte Früchte.

Kinder, ältere Menschen, Schwangere, Kranke und Rekonvaleszenten
sollten auf Gerichte mit rohen oder nur leicht gegarten Eiern verzichten.

Inhalt

Einleitung

Das Pfannenrühren im Wok gehört zu den
schnellsten, einfachsten und dennoch vielseitigs-
ten aller kulinarischen Zubereitungsmethoden.
Die Zutaten sind in Minutenschnelle vorbereitet –
meist verschiedene Gemüsesorten, die durch
Fleisch, Fisch, Meeresfrüchte, Tofu, Nüsse, Reis
oder Nudeln ergänzt werden – und im Handumdrehen zubereitet. Öle, Gewürze und Saucen bieten unendliche Variationsmöglichkeiten, und das Ergebnis ist
immer eine Ausgewogenheit an Farbe, Geschmack und Nährstoffen.

Man kann im Wok auch dämpfen und frittieren, doch meist werden die
Zutaten unter ständigem Rühren mit langen Bambusstäbchen oder Pfannen-
wendern rasch bei hoher Temperatur gegart – das nennt man Pfannenrühren.

Manche Nahrungsmittel benötigen etwas längere Garzeiten als andere;
deshalb werden die Zutaten oft einzeln nacheinander gegart, wobei ihr Eigen-
geschmack besonders unverfälscht erhalten bleibt. In jedem Fall werden sie
aber vor dem Servieren vermengt.

Die Zusammenstellung der Zutaten bietet eine Menge Spielraum für Kreativität. Zwiebeln, Karotten, verschiedenfarbige Paprika, Brokkoli und Zuckererbsen bilden die Grundlage eines farbenprächtigen Gerichts. Vor Ende der Garzeit untergerührte Bohnensprossen oder Wasserkastanien verleihen ihm knackigen Biss. Cashewkerne oder Mandeln, Tofuwürfel, Hühnchenstreifen oder Krabben reichern es mit wertvollen Proteinen an; vorgegarter Reis oder eine Hand voll vorgekochter Nudeln machen es noch sättigender. Saucenspezialitäten wie Austern- oder Bohnensauce und herzhafte Würzmittel wie Ingwer, Knoblauch und Chillies geben dem Ganzen den letzten Pfiff.

Das Aroma verschiedener Chilisorten reicht von sehr mild bis feurig-scharf. In Thailand machen die pikanten kleinen „Vogelaugen"-Chillies jedes Curry zu einer wahrhaft scharfen Sache. Auch getrocknete Chiliflocken oder Chilipasten sind beliebte Würzmittel. Durch Entfernen der Kerne und Häutchen lässt sich die Schärfe etwas mildern: frische Chillies halbieren und die Kerne herausschaben. Bei getrockneten Chillies das Ende abschneiden und die Kerne herausschütteln. Nach Verarbeitung von Chillies bitte immer die Hände waschen!

Grundrezepte

Hühnerbrühe

ERGIBT 1,7 L

1 kg Hühnerfleisch ohne Haut

2 Selleriestangen

1 Zwiebel

2 Karotten

1 Knoblauchzehe

frische Petersilienzweige

2 l Wasser

Salz und Pfeffer

1 Alle Zutaten in einen großen Topf geben.

2 Zum Kochen bringen. Mit einem Schaumlöffel abschäumen. Die Hitze reduzieren, sodass das Wasser nur noch köchelt, und mit lose aufgelegtem Deckel 2 Stunden köcheln. Abkühlen lassen.

3 Ein Sieb mit sauberem Musselin auslegen und auf eine große

Schüssel setzen. Die Brühe durch das Sieb gießen. Das gegarte Hühnerfleisch kann für ein anderes Rezept verwendet werden. Die übrigen Zutaten wegwerfen. Die Brühe in einem verschlossenen Behälter in den Kühlschrank stellen.

4 Vor der Weiterverwendung das abgesetzte Fett abschöpfen. Die Brühe kann 3–4 Tage im Kühlschrank aufbewahrt oder eingefroren werden.

Fischfond

ERGIBT 1,7 L

Kopf (falls vorhanden) und sonstige Abfälle, Haut und Gräten von 1 Kabeljau, Lachs o. Ä.

1–2 Zwiebeln, in Ringen

1 Karotte, in Scheibchen

1–2 Selleriestangen, in Scheibchen

1 Spritzer Zitronensaft

1 Bouquet garni oder 2 Lorbeerblätter

1 Fischkopf und -abfälle waschen und in einen Topf geben. Mit Wasser bedecken und zum Kochen bringen.

2 Abschäumen und die übrigen Zutaten zugeben. Abgedeckt ca. 30 Minuten köcheln.

3 Durch ein Sieb passieren. Im Kühlschrank aufbewahren und innerhalb von 2 Tagen aufbrauchen.

Saucenbinder

Ein Teil Speisestärke mit 1$\frac{1}{2}$ Teilen kaltem Wasser vermischen und sorgfältig glatt rühren. Diese Mischung dient zum Andicken von Saucen.

Gemüsebrühe

Die Brühe hält sich im Kühlschrank bis zu drei Tagen und eingefroren bis zu drei Monaten. Bei der Zubereitung kein Salz zugeben. Es ist besser, die Suppe erst später mit Salz abzuschmecken – je nachdem, für welches Gericht sie verwendet wird.

ERGIBT 1,5 L

250 g Schalotten

1 große Karotte, gewürfelt

1 Selleriestange, in Ringen

$^1/_2$ Fenchelknolle

1 Knoblauchzehe

1 Lorbeerblatt

einige frische Petersilien- und Estragonzweige

2 l Wasser

Pfeffer

1 Alle Zutaten in einen großen Topf geben und zum Kochen bringen.

2 Mit einem Schaumlöffel abschäumen und die Hitze so weit reduzieren, dass die Flüssigkeit nur noch köchelt. Mit lose aufgelegtem Deckel 45 Minuten köcheln. Abkühlen lassen.

3 Ein Sieb mit sauberem Musselin auslegen und auf eine große Schüssel setzen. Die Brühe durch das Sieb passieren, die zurückbleibenden Kräuter und Gemüse wegwerfen.

4 Abdecken und bis zu drei Tagen im Kühlschrank aufbewahren oder in kleinen Portionen einfrieren.

Kokosmilch

Etwa 250 g frisch geraspeltes Kokosfleisch in eine Schüssel geben, ca. 600 ml kochendes Wasser zugießen, sodass das Kokosfleisch gerade bedeckt ist, und 1 Stunde stehen lassen. Flüssigkeit durch Musselin seihen. Das Kokosfleisch dabei gut ausdrücken, um möglichst viel dickflüssige Milch zu erhalten. Wenn Sie Kokoscreme benötigen, die Mischung eine Weile stehen lassen, dann die Creme von der Oberfläche abschöpfen. Statt frischem Kokosfleisch kann man auch die gleiche Menge ungesüßte, getrocknete Kokosflocken verwenden.

Suppen & Vorspeisen

Suppen sind ein unentbehrlicher Bestandteil der fernöstlichen Esskultur. Sie werden meist als Zwischengang eines Menüs gereicht, um den Gaumen für den nächsten Gang zu reinigen. Es gibt eine Vielzahl köstlicher, mehr oder weniger sämiger Suppenvarianten und natürlich die klaren Suppen, die oft mit Teigtaschen oder Klößen angereichert sind.

Als Vorspeise oder Zwischenmahlzeit isst man gern trockenere Gerichte. Die Frühlingsrolle ist ein weltweit berühmter Snack, den man je nach Land in den verschiedensten Variationen antrifft. Andere Leckerbissen werden mit Reispapier umhüllt oder zum leichteren Verzehr auf Spießchen gesteckt. Auch knusprig frittierte Gemüse-, Fisch- und Fleischhäppchen sind sehr beliebt. Solche Gerichte werden häufig als kleine Vorspeise serviert.

Thai-Suppe mit Garnelen

Für 4 Personen

2 EL Tamarindenpaste

4 scharfe rote Chillies, sehr fein
 gehackt

2 Knoblauchzehen, zerdrückt

2 TL frisch geriebene Ingwerwurzel

4 EL Fischsauce

2 EL Palmzucker

1,2 l Fischfond

8 Kaffir-Limetten-Blätter

100 g Karotten, in hauchdünnen
 Scheiben

350 g Süßkartoffeln, gewürfelt

100 g Babymaiskolben, halbiert

3 EL grob gehackter frischer
 Koriander

100 g Kirschtomaten, halbiert

225 g rohe Garnelen, ausgelöst
 und mit Schwanzende

1 Tamarindenpaste, Chillies, Knoblauch, Ingwer, Fischsauce, Zucker und Fischfond in einen vorgewärmten großen Wok geben. Die Kaffir-Limetten-Blätter grob zerzupfen und zugeben. Alles unter ständigem Rühren aufkochen.

2 Hitze reduzieren, Karotten, Süßkartoffeln und Mais zugeben.

3 Die Suppe abgedeckt etwa 10 Minuten köcheln, bis das Gemüse bissfest ist.

4 Koriander, Kirschtomaten und Garnelen zugeben und 5 Minuten ziehen lassen.

5 Die fertige Suppe auf vorgewärmte Schalen verteilen und heiß servieren.

TIPP

Süßkartoffeln sind nicht mit der Kartoffel verwandt. Sie sind sehr gut zum Kochen, Backen und Pürieren, weniger zum Braten geeignet. Süßkartoffeln enthalten viel Vitamin A.

Thailändische Meeresfrüchtesuppe

Für 4 Personen

1,2 l Fischfond

1 Stängel Zitronengras, längs
   aufgeschnitten

geriebene Schale von $1/4$ Limette
   oder 1 Limettenblatt

2,5-cm-Stück Ingwerwurzel,
   geschält und in Scheiben
   geschnitten

$1/4$ TL Chilipaste

200 g rohe Garnelen, ausgelöst

4–5 Frühlingszwiebeln, in Ringen

Salz

250 g Jakobsmuscheln

2 EL frisch gehackte Korianderblätter

rote Paprika, fein gehackt, oder
   Chiliringe, zum Garnieren

VARIATION

Anstatt der Frühlingszwiebeln
eignet sich auch sehr junger
Porree, dessen Grün noch
ganz zart ist.

1 Den Fond mit Zitronengras, Limetenschale, Ingwer und Chilipaste in einen Topf geben. Kurz aufkochen, anschließend die Hitze reduzieren und 10–15 Minuten köcheln.

2 Die Garnelen der Länge nach einschneiden, dabei das Schwanzende nicht durchschneiden.

3 Den Fond durchsieben, wieder in den Topf gießen und erhitzen, bis am Rand Blasen aufsteigen. Die Frühlingszwiebeln zufügen und 2–3 Minuten mitkochen. Nach Belieben mit Salz und Chilipaste nachwürzen.

4 Muscheln und Garnelen zugeben und 1 Minute in der Suppe ziehen lassen, bis sich die Krabben aufrollen und die Muscheln weißlich werden.

5 In vorgewärmte Teller füllen, dabei die Krabben und Muscheln gleichmäßig verteilen. Mit Korianderblättern und Paprika oder Chiliringen garnieren und sofort servieren.

Nudelsuppe mit Krebsfleisch & Mais

Für 4 Personen

1 EL Sonnenblumenöl

1 TL Fünf-Gewürze-Pulver

225 g Karotten, in Stifte geschnitten

150 g Mais aus der Dose,
abgetropft

75 g Erbsen

6 Frühlingszwiebeln, in Ringen

1 rote Chili, entkernt und sehr fein
gehackt

400 g weißes Krebsfleisch aus der
Dose

175 g Eiernudeln

1,7 l Fischfond

3 EL Sojasauce

1 Das Sonnenblumenöl in einem vorgewärmten großen Wok erhitzen.

2 Fünf-Gewürze-Pulver, Karotten, Mais, Erbsen, Frühlingszwiebeln und Chili zufügen und ca. 5 Minuten pfannenrühren.

3 Das Krebsfleisch zugeben und ca. 1 Minute weiterrühren.

4 Die Eiernudeln in große Stücke brechen und zugeben.

5 Fond und Sojasauce zugießen und alles aufkochen.

6 Abdecken und ca. 5 Minuten köcheln.

7 Die fertige Suppe auf vorgewärmte Schalen verteilen und sofort servieren.

Kokossuppe mit Krebsfleisch

Für 4 Personen

1 EL Erdnussöl

2 EL rote Currypaste

1 rote Paprika, entkernt und in
   Streifen geschnitten

600 ml Kokosmilch

600 ml Fischfond

2 EL Fischsauce

225 g weißes Krebsfleisch, frisch
   oder aus der Dose, abgetropft

2 EL frisch gehackter Koriander

3 Frühlingszwiebeln, in Ringen

225 g Krebsscheren

TIPP

Den Wok nach jedem Gebrauch
mit Wasser reinigen, falls erforderlich mit einem milden Spül-
mittel, einem Lappen oder einer
weichen Bürste. Durch Scheuern
und ätzende Mittel verkratzt die
Oberfläche! Den Wok mit
Küchenpapier trockenwischen
und mit Öl einreiben.

1 Das Erdnussöl in einem vorgewärmten großen Wok erhitzen.

2 Currypaste und Paprika zugeben
   und 1 Minute pfannenrühren.

3 Kokosmilch, Fischfond und
   Fischsauce in den Wok geben und
   alles aufkochen.

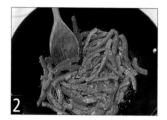

4 Das Krebsfleisch zufügen, dann
   Koriander, Frühlingszwiebeln und
   Krebsscheren zugeben.

5 Alles gründlich verrühren und
   2–3 Minuten erhitzen.

6 Die fertige Suppe auf vorgewärmte Schalen verteilen und heiß
   servieren.

14

Kabeljausuppe

Für 4 Personen

15 g getrocknete chinesische Pilze

2 EL Sonnenblumenöl

1 Zwiebel, in Ringen

100 g Zuckererbsen

100 g Bambussprossen

3 EL süße Chilisauce

1,2 l Fischfond oder Gemüsebrühe

3 EL helle Sojasauce

2 EL frisch gehackter Koriander,
  plus etwas mehr, zum Garnieren

450 g Kabeljaufilet, gewürfelt

TIPP

Zahlreiche Pilze werden getrocknet angeboten. Am besten eignen sich Shiitake-Pilze. Sie sind etwas teurer, aber köstlich und sehr ergiebig.

---

1 Die Pilze in eine große Schüssel geben. So viel kochendes Wasser zugießen, dass sie bedeckt sind. 5 Minuten einweichen. Dann mit einem scharfen Messer grob zerkleinern.

2 Das Sonnenblumenöl in einem vorgewärmten Wok erhitzen. Die Zwiebelringe zufügen und 5 Minuten pfannenrühren.

3 Zuckererbsen, Bambussprossen, Chilisauce, Fond und Sojasauce in den Wok geben und aufkochen.

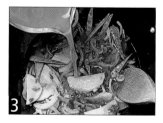

4 Koriander und Fischwürfel zufügen. Alles 5 Minuten köcheln, bis der Fisch gar ist.

5 Die Suppe in vorgewärmte Schalen füllen, nach Belieben mit zusätzlichem Koriander bestreuen und heiß servieren.

Scharfe Pilzsuppe mit Weißkohl

Für 4 Personen

2 EL Tamarindenpaste

4 rote Chillies, entkernt und sehr
   fein gehackt

2 Knoblauchzehen, zerdrückt

2 TL frisch geriebene Ingwerwurzel

4 EL Fischsauce

2 EL Palmzucker

8 Kaffir-Limetten-Blätter, grob
   zerzupft

1,2 l Gemüsebrühe

100 g Karotten, hauchdünn
   geschnitten

225 g kleine Champignons, halbiert

350 g Weißkohl, in Streifen

100 g zarte grüne Bohnen, halbiert

3 EL grob gehackter frischer
   Koriander

100 g Kirschtomaten, halbiert

2 Hitze reduzieren; dann Karotten, Pilze, Kohl und Bohnen zufügen. Die Suppe abgedeckt ca. 10 Minuten köcheln, das Gemüse soll gar, aber noch bissfest sein.

3 Koriander und Kirschtomaten unterheben und 5 Minuten rühren, bis alles gleichmäßig heiß ist.

4 Die fertige Suppe in vorgewärmte Schalen füllen und heiß servieren.

TIPP
Tamarindenpaste besteht aus den getrockneten Früchten des Tamarindenbaums. Sie verleiht Thai-Gerichten eine besondere süß-saure Geschmacksnote.

1 Tamarindenpaste, Chillies, Knoblauch, Ingwer, Fischsauce, Zucker, Kaffir-Limetten-Blätter und Brühe in einen vorgewärmten großen Wok geben. Alles vermengen und unter gelegentlichem Rühren aufkochen.

Scharfe Hühner-Nudel-Suppe

Für 4 Personen

2 EL Tamarindenpaste

4 rote Chillies, entkernt und fein gehackt

2 Knoblauchzehen, zerdrückt

2 TL frisch geriebene Ingwerwurzel

4 EL Fischsauce

2 EL Palmzucker

8 Kaffir-Limetten-Blätter, grob zerzupft

1,2 l Hühnerbrühe

350 g Hähnchenbrustfilet

100 g Karotten, in dünnen Scheiben

350 g Süßkartoffeln, gewürfelt

100 g Babymaiskolben, halbiert

3 EL frisch gehackter Koriander

100 g Kirschtomaten, halbiert

150 g flache Reisnudeln

frisch gehackter Koriander, zum Garnieren

1 Tamarindenpaste, Chillies, Knoblauch, Ingwer, Fischsauce, Zucker, Kaffir-Limetten-Blätter und Hühnerbrühe in einen vorgewärmten großen Wok geben und unter ständigem Rühren aufkochen. Hitze reduzieren und ca. 5 Minuten garen.

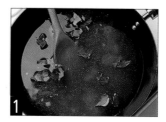

2 Das Hähnchenfleisch in schmale Streifen schneiden. In den Wok geben und alles 5 Minuten unter Rühren weitergaren.

3 Hitze reduzieren; dann Karotten, Süßkartoffeln und Mais zufügen. Alles 5 Minuten abgedeckt köcheln, sodass das Gemüse bissfest und das Hähnchenfleisch durchgegart ist.

4 Koriander, Kirschtomaten und Nudeln unterrühren.

5 Weitere 5 Minuten köcheln, bis die Nudeln gar sind.

6 Mit Koriander bestreuen und heiß servieren.

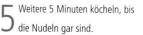

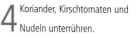

Pilz & Aubergine im Omelettpäckchen

Für 4 Personen

3 EL Öl

1 Knoblauchzehe, fein gehackt

1 kleine Zwiebel, fein gehackt

1 kleine Aubergine, gewürfelt

$1/2$ kleine grüne Paprika, entkernt
und gehackt

1 großer getrockneter Shiitake-Pilz,
eingeweicht, abgetropft und in
Scheiben geschnitten

1 Tomate, gewürfelt

1 EL helle Sojasauce

$1/2$ TL Zucker

$1/4$ TL Pfeffer

2 große Eier

Blattsalat, Tomatenschnitze und
Gurkenscheiben, zum Garnieren

1 $1^{1}/_{2}$ EL Öl im Wok erhitzen. Knoblauch zugeben und bei starker Hitze 30 Sekunden andünsten. Dann Zwiebel und Aubergine darin bräunen.

TIPP

Wenn Sie zuerst die Pfanne stark
erhitzen, dann das Öl zugeben
und ebenfalls erhitzen, wird das
Ei nicht am Pfannenboden
ansetzen.

2 Die Paprika zugeben und 1 Minute braten, bis sie beginnt, weich zu werden. Pilz, Tomate, Sojasauce, Zucker und Pfeffer zugeben. Das Gemüse aus dem Wok nehmen und warm stellen.

3 Die Eier leicht verquirlen. Das restliche Öl erhitzen, den Wok damit ausschwenken. Die Eier zugießen und ebenfalls schwenken, damit sie eine dünne Schicht bilden. Wenn das Ei gestockt ist, die Füllung in die Mitte geben. Die Seiten umschlagen, sodass ein viereckiges Päckchen entsteht.

4 Das Omelett auf einen Teller geben und heiß mit Salat, Tomaten und Gurkenscheiben servieren.

Scharfe Maisbällchen nach Thai-Art

Für 4 Personen

225 g Mais aus der Dose

2 rote Chillies, entkernt und sehr

  fein gehackt

2 Knoblauchzehen, zerdrückt

10 Kaffir-Limetten-Blätter, sehr fein

  gehackt

2 EL frisch gehackter Koriander

1 großes Ei

75 g Maismehl

100 g zarte grüne Bohnen, sehr fein

  geschnitten

Erdnussöl, zum Braten

TIPP

Die dunkelgrünen Kaffir-Limetten-
Blätter erinnern im Geschmack an
Zitronen. In asiatischen Lebensmittelgeschäften werden sie
frisch oder getrocknet angeboten.

---

3 Aus dem Teig kleine Bällchen
formen und mit den Handflächen
flach drücken.

4 Etwas Erdnussöl in einem vorgewärmten Wok erhitzen.

5 Die Teigbällchen portionsweise
hineingeben und unter häufigem
Wenden knusprig braten.

6 Auf vorgewärmten Tellern anrichten und sofort servieren.

1 Mais, Chillies, Knoblauch, Kaffir-
Limetten-Blätter, Koriander, Ei und
Maismehl in eine große Schüssel
geben und gut vermengen.

2 Die Bohnen zufügen und mit
einem Holzlöffel gut unter die
anderen Zutaten mischen.

21

Vegetarische Frühlingsrollen

Für 4 Personen

225 g Karotten

1 rote Paprika

1 EL Sonnenblumenöl

75 g Bohnensprossen

dünne Zesten und Saft von

   1 Limette

1 rote Chili, entkernt und sehr fein

   gehackt

1 EL helle Sojasauce

$^1/_2$ TL Pfeilwurzelstärke

2 EL frisch gehackter Koriander

8 Blatt Frühlingsrollen-Teig

2 EL Butter, zerlassen

2 TL Sesamöl

Frühlingszwiebeln, in Quastenform,

   zum Garnieren

Chilisauce, zum Dippen

1 Die Karotten in dünne Stifte schneiden. Paprika entkernen und in dünne Streifen schneiden.

2 Das Sonnenblumenöl in einem vorgewärmten Wok erhitzen.

3 Karotten, Paprika und Bohnensprossen 2 Minuten darin anbraten. Den Wok vom Herd nehmen, Limettenzesten und -saft sowie Chili zufügen.

4 Sojasauce mit Pfeilwurzelstärke verrühren. Die Mischung über die Zutaten im Wok geben, umrühren und wieder auf den Herd stellen. 2 Minuten garen, bis die Flüssigkeit eindickt.

5 Koriander zufügen und alles gut vermengen, den Wok wieder vom Herd nehmen.

6 Die Teigblätter mit einer Mischung aus Butter und Sesamöl bestreichen.

7 Einen Löffel Gemüsefüllung auf jedes Teigblatt geben, die langen Teigränder nach innen schlagen und die Teigplatten zusammenrollen.

8 Frittieröl in den Wok geben und die Rollen darin portionsweise 2–3 Minuten goldbraun frittieren.

9 Mit Frühlingszwiebeln garnieren. Heiß mit Chilisauce zum Dippen servieren.

Scharfe Hühnerleber mit Pak Choi

Für 4 Personen

350 g Hühnerleber

2 EL Sonnenblumenöl

1 rote Chili, entkernt und fein
    gehackt

1 TL frisch geriebener Ingwer

2 Knoblauchzehen, zerdrückt

2 EL Tomatenketchup

3 EL Reiswein oder trockener Sherry

3 EL Sojasauce

1 TL Speisestärke

450 g Pak Choi

Eiernudeln, gekocht, als Beilage

1 Mit einem Messer das Fett von der Leber entfernen. Dann die Leber in kleine Stücke schneiden.

2 Das Öl in einem Wok stark erhitzen. Die Leberstücke darin 2–3 Minuten pfannenrühren.

3 Chili, Ingwer und Knoblauch zufügen und 1 Minute weiterrühren.

4 Tomatenketchup, Reiswein, Sojasauce und Speisestärke in einer Schüssel verrühren und beiseite stellen.

5 Den Pak Choi in den Wok geben und braten, bis die Blätter zusammenfallen.

6 Die Ketchupmischung in den Wok geben und erhitzen, bis die Flüssigkeit zu kochen beginnt.

7 Auf Schalen verteilen und mit den Eiernudeln heiß servieren.

Knuspriger Pak-Choi-Salat

Für 4 Personen

1 kg Pak Choi

850 ml Erdnussöl, zum Frittieren

1 TL Salz

1 EL Zucker

50 g Pinienkerne, geröstet

1 Die Pak-Choi-Blätter unter kaltem fließendem Wasser säubern, dann mit Küchenpapier vollkommen trocken-tupfen.

2 Jedes Blatt einzeln zusammen-rollen und in schmale Streifen schneiden. Alternativ in der Küchen-maschine zerhacken.

3 Das Öl in einem großen Wok erhitzen.

4 Die dünn geschnittenen Pak-Choi-Blätter hineingeben und ca. 30 Sekunden knusprig frittieren, bis die Streifen sich kräuseln, dabei eventuell in vier Portionen aufteilen.

5 Das knusprig frittierte Gemüse mit einem Schaumlöffel aus dem Wok

nehmen und zum Abtropfen auf Küchenpapier legen.

6 Die Gemüsestreifen in eine große Schüssel geben. Mit Salz, Zucker und Pinienkernen mischen und sofort servieren.

25

Geflügelklößchen mit Dip

Für 4–6 Personen

1 großes Hähnchenbrustfilet

3 EL Öl

2 Schalotten, fein gehackt

1/2 Selleriestange, fein gehackt

1 Knoblauchzehe, zerdrückt

2 EL helle Sojasauce

1 kleines Ei

Salz und Pfeffer

1 Bund Frühlingszwiebeln

Frühlingszwiebeln in Quastenform,
    zum Garnieren

SOJASAUCEN-DIP

3 EL dunkle Sojasauce

1 EL Reiswein

1 TL Sesamsaat

1 Das Fleisch in 2 cm große Würfel schneiden. Die Hälfte des Öls in einem Wok oder einer Pfanne erhitzen. Das Fleisch darin bei starker Hitze 2–3 Minuten goldbraun anbraten. Mit einem Schaumlöffel aus dem Wok nehmen und beiseite stellen.

2 Schalotten, Sellerie und Knoblauch in den Wok geben und 1–2 Minuten weich dünsten, aber nicht bräunen.

3 Fleisch, Schalotten, Sellerie und Knoblauch in einen Mixer geben und fein zerkleinern. 1 Esslöffel helle Sojasauce und gerade genug Ei zugeben, um einen festen Teig zu erhalten. Mit Salz und Pfeffer würzen.

4 Die Frühlingszwiebeln putzen und in 5 cm lange Stücke schneiden. Für den Dip dunkle Sojasauce, Reiswein und Sesamsaat verrühren und beiseite stellen.

5 Aus dem Teig 16–18 walnussgroße Kugeln formen. Das restliche Öl in der Pfanne erhitzen und die Klößchen portionsweise 4–5 Minuten unter Rühren goldbraun braten. Auf Küchenpapier abtropfen lassen und warm halten.

6 Die Frühlingszwiebeln 1–2 Minuten anbraten, bis sie weich werden, dann die restliche helle Sojasauce zugeben. Mit den Klößchen und dem Dip auf einer Platte anrichten und mit den Frühlingszwiebel-Quasten servieren.

Garnelenrollen

Für 4 Personen

1 EL Sonnenblumenöl

1 rote Paprika, entkernt und in
dünne Streifen geschnitten

75 g Bohnensprossen

dünne Zesten und Saft von 1 Limette

225 g rohe Garnelen, ausgelöst

1 rote Chili, entkernt und sehr fein
gehackt

1 TL frisch geriebene Ingwerwurzel

1 EL Fischsauce

1/2 TL Pfeilwurzelstärke

2 EL frisch gehackter Koriander

8 Blätter Frühlingsrollen-Teig

2 EL Butter

2 TL Sesamöl

Öl, zum Frittieren

Frühlingszwiebeln, zum Garnieren

Chilisauce, als Dip

1 Das Sonnenblumenöl in einem
vorgewärmten großen Wok
erhitzen. Paprika und Bohnensprossen
zufügen. Alles 2 Minuten unter Rühren
anbraten.

2 Den Wok vom Herd nehmen,
Limettenzesten und -saft, Garnelen, Chili und Ingwer zugeben. Alles
verrühren.

3 Fischsauce mit Stärke mischen und
in die Garnelen-Mischung einrühren. Den Wok wieder auf den Herd
stellen. Die Flüssigkeit unter ständigem
Rühren 2 Minuten eindicken lassen. Den
Koriander zufügen und alles mischen.

4 Die Butter zerlassen, mit dem
Sesamöl mischen und jedes Teigblatt damit bestreichen.

5 Einen Löffel Garnelenfleisch auf
jedes Teigblatt geben, die langen
Ränder nach innen klappen und den
Teig zusammenrollen.

6 Das Frittieröl in einem großen Wok
erhitzen. Die Rollen portionsweise
2–3 Minuten goldbraun frittieren. Mit
Frühlingszwiebeln garnieren und heiß
mit Chilisauce zum Dippen servieren.

Knusprige Teigtaschen mit Garnelen

Für 4 Personen

450 g gekochte Garnelen, ausgelöst
und mit Schwanzende

3 EL grobe Erdnussbutter

1 EL Chilisauce

10 Blätter Frühlingsrollen-Teig

2 EL Butter, zerlassen

50 g dünne Eiernudeln

Öl, zum Frittieren

1 Jede Garnele an der Oberseite leicht einschneiden und flach drücken.

2 Erdnussbutter und Chilisauce vermengen. Auf jede Garnele etwas von der Mischung streichen.

3 Die Teigblätter halbieren und dann mit der zerlassenen Butter bestreichen.

4 Jede Garnele in eine Teighälfte wickeln und die Ränder so einschlagen, dass die Garnele rundum in Teig gehüllt ist.

5 Die Eiernudeln in eine Schüssel geben, mit kochendem Wasser übergießen und 5 Minuten ruhen lassen. Dann die Nudeln gut abtropfen lassen. Jede Garnelentasche mit 2–3 gegarten Nudeln verschnüren.

6 Das Öl in einem vorgewärmten Wok erhitzen und die Taschen darin 3–4 Minuten knusprig frittieren.

7 Die Garnelentaschen mit einem Schaumlöffel herausnehmen und zum Abtropfen auf Küchenpapier legen. Auf einer Platte anrichten und warm servieren.

Fischbällchen nach Thai-Art

Für 4 Personen

450 g Kabeljaufilet

2 EL Fischsauce

2 rote Chillies, entkernt und sehr
fein gehackt

2 Knoblauchzehen, zerdrückt

2 EL frisch gehackter Koriander

10 Kaffir-Limetten-Blätter, sehr fein
gehackt

1 großes Ei

25 g Mehl

100 g dünne grüne Bohnen, sehr
fein geschnitten

Erdnussöl, zum Frittieren

TIPP

Fischsauce verleiht dem Gericht
den authentischen Geschmack.
Sie lässt sich wie Sojasauce zum
Salzen verwenden, ist aber
milder. Es gibt sie mittlerweile
in jedem asiatischen
Lebensmittelgeschäft.

---

1 Das Kabeljaufilet in mundgerechte
Stücke schneiden.

2 Die Fischstücke mit Fischsauce,
Chillies, Knoblauch, Koriander,
Kaffir-Limetten-Blättern, Ei und Mehl in
die Rührschüssel einer Küchenmaschine
geben und fein zerhacken. Dann den
Teig in eine große Schüssel umfüllen.

3 Die Bohnen in die Schüssel geben
und mit dem Fischteig vermengen.

4 Den Fischteig zu Bällchen formen
und flach drücken.

5 Das Öl in einem Wok erhitzen.
Die Bällchen darin von allen
Seiten goldbraun frittieren.

6 Die Fischbällchen auf eine Servierplatte geben und heiß servieren.

Garnelenomelett

Für 4 Personen

3 EL Sonnenblumenöl

2 Porreestangen, in Ringen

350 g rohe Riesengarnelen,
   ausgelöst

4 EL Speisestärke

1 TL Salz

175 g Champignons, in Scheiben

175 g Bohnensprossen

6 Eier

frittierte Porreestreifen, zum
   Garnieren

1 Das Sonnenblumenöl in einem
   Wok erhitzen. Die Porreeringe
zugeben und 3 Minuten braten.

2 Die Garnelen unter kaltem
   fließendem Wasser waschen.
Dann mit Küchenpapier trockentupfen.

3 Speisestärke und Salz in eine
   große Schüssel geben und
vermengen.

4 Die Garnelen in der gesalzenen
   Speisestärke wenden.

5 Die Garnelen in den Wok geben
   und 2 Minuten braten, bis sie
fast gar sind.

6 Pilze und Bohnensprossen zugeben und 2 Minuten weiterrühren.

7 Die Eier mit 3 Esslöffeln kaltem
   Wasser verquirlen. Eiermischung
in den Wok gießen und zu einem
Omelett stocken lassen, dabei einmal
wenden. Das fertige Omelett auf ein
sauberes Küchenbrett legen, in
4 Stücke schneiden und nach
Belieben mit Porreestreifen garnieren.
Heiß servieren.

Garnelentoast mit Sesamkruste

Für 4 Personen

225 g gekochte Garnelen, ausgelöst

1 Frühlingszwiebel

1 EL Sojasauce

2 EL Speisestärke

1 Ei

1 EL Sesamöl

4 dicke Toastbrotscheiben

2 EL Sesamsaat

Öl, zum Frittieren

TIPP

Frittieren Sie die Toasts in zwei Portionen. Während Sie die zweite Portion zubereiten, halten Sie die erste warm, damit die Scheiben nicht aneinander haften.

1 Garnelen und Frühlingszwiebeln in der Küchenmaschine fein pürieren. Alternativ sehr fein hacken. In eine Schüssel geben und die Mischung mit Sojasauce, Stärke und Eiweiß vermengen. Knoblauch, Sesamöl und Ei in der Küchenmaschine zu einer geschmeidigen Paste verarbeiten.

2 Die Brotscheiben gleichmäßig mit der Garnelenpaste bestreichen. Die Scheiben dick mit Sesam bestreuen und die Sesamschicht mit der flachen Handfläche behutsam andrücken. Jede Brotscheibe in 4 Dreiecke schneiden.

3 Das Öl in einem großen Wok erhitzen und die Brotecken mit der Sesamkruste nach oben 4–5 Minuten goldbraun frittieren. Die Brote mit dem Schaumlöffel herausnehmen und zum Abtropfen auf Küchenpapier legen. Die fertigen Toasts warm servieren.

Garnelen mit Szechuan-Pfeffer

Für 4 Personen

2 TL Salz

1 TL schwarze Pfefferkörner

2 TL Szechuan-Pfefferkörner

1 TL Zucker

450 g rohe Riesengarnelen, ausgelöst

2 EL Erdnussöl

1 rote Chili, entkernt und fein gehackt

1 TL frisch geriebene Ingwerwurzel

3 Knoblauchzehen, zerdrückt

Frühlingszwiebeln, in Ringen, zum
Garnieren

Krupuk, als Beilage

TIPP

Riesengarnelen sind überall
erhältlich, meist tiefgefroren.
Sie sehen appetitlich aus, sind
fleischig und schmecken vorzüg-
lich. Vorgegarte Garnelen erst mit
der Salz-Pfeffer-Mischung in
Schritt 4 zugeben – sonst werden
sie zäh und ungenießbar.

1 Salz, schwarze und Szechuan-
Pfefferkörner im Mörser zerstoßen.

2 Mit dem Zucker vermengen und
beiseite stellen.

3 Die Garnelen unter kaltem
fließendem Wasser waschen und
mit Küchenpapier trockentupfen.

4 Das Öl in einem vorgewärmten
Wok erhitzen.

5 Garnelen auslösen und mit Chili,
Ingwer und Knoblauch zugeben.
4–5 Minuten unter Rühren anbraten,
bis die Garnelen gar sind.

6 Die Salz-Pfeffer-Mischung zugeben und 1 Minute weiterrühren.

7 Auf vorgewärmte Schalen verteilen und mit Frühlingszwiebeln
garnieren. Heiß mit Krupuk servieren.

Chinesische Frühlingsrollen

Für 4 Personen

100 g dünne Glasnudeln

2 EL Erdnussöl

2 Knoblauchzehen, zerdrückt

$^1/_2$ TL frisch geriebene Ingwerwurzel

50 g Austernpilze, in dünne Streifen
geschnitten

2 Frühlingszwiebeln, fein gehackt

50 g Bohnensprossen

1 kleine Karotte, in feine Streifen
geschnitten

$^1/_2$ TL Sesamöl

1 EL helle Sojasauce

1 EL Reiswein oder trockener Sherry

$^1/_4$ TL Pfeffer

1 EL frisch gehackter Koriander

1 EL frisch gehackte Minze

24 Blätter Frühlingsrollen-Teig

$^1/_2$ TL Speisestärke

Erdnussöl, zum Frittieren

frische Minzeblätter, zum Garnieren

1 Die Nudeln in einer Schüssel mit
kochendem Wasser übergießen
und 4 Minuten quellen lassen.
Abgießen, kalt abschrecken und
abtropfen lassen. Die Nudeln in 5 cm
lange Stücke schneiden.

2 Das Erdnussöl in einem Wok oder
einer Pfanne stark erhitzen. Knoblauch, Ingwer, Pilze, Frühlingszwiebeln,
Bohnensprossen und Karotte zugeben
und 1 Minute braten, bis das Gemüse
gerade weich ist.

3 Sesamöl, Sojasauce, Reiswein,
Pfeffer, Koriander und Minze sorgfältig einrühren, dann den Wok vom
Herd nehmen. Die Glasnudeln vorsichtig unterheben.

4 Die Teigblätter diagonal auf der
Arbeitsplatte auslegen. Die
Speisestärke mit 1 Esslöffel Wasser
verrühren und die Ränder jedes Teig-
blattes damit bestreichen. Etwas
Füllung auf das vordere Drittel des
Teigblattes geben.

5 Die freie Spitze des Teigblattes
über die Füllung falten, dann
die Seiten vorsichtig einschlagen. Anschließend den Teig aufrollen, die
Spitze mit der restlichen angerührten
Speisestärke bestreichen.

6 Das Öl in einem Wok oder einer
Fritteuse auf 180 °C erhitzen, bis
ein Brotwürfel in 30 Sekunden braun
ist. Die Frühlingsrollen portionsweise
2–3 Minuten goldbraun und knusprig
frittieren.

Frittierte Auberginenscheiben

Für 4 Personen

450 g Auberginen

1 Eiweiß

3½ EL Speisestärke

1 TL Salz

1 EL Sieben-Gewürze-Pulver

Öl, zum Frittieren

TIPP

Mildes aromatisches Erdnussöl eignet sich am besten zum Frittieren: Es hat einen hohen Rauchpunkt, brennt nicht an und verfärbt die Speisen nicht. Etwa 600 ml Öl reichen aus.

1 Die Auberginen in dünne Scheiben schneiden. Die Scheiben in einen Durchschlag geben, salzen und 30 Minuten ziehen lassen, um den Auberginen die Bitterstoffe zu entziehen.

2 Die Auberginenscheiben gründlich abspülen und mit Küchenpapier trockentupfen.

3 Das Eiweiß in eine kleine Schüssel geben und steif schlagen.

4 Speisestärke, Salz und Sieben-Gewürze-Mischung auf einem großen Teller vermengen.

5 Das Öl in einem großen Wok erhitzen.

6 Die Auberginenscheiben nacheinander zuerst in den Eischnee tauchen und dann in dem gewürzten Mehl wenden.

7 Die panierten Auberginenscheiben portionsweise in den Wok geben und 5 Minuten knusprig und goldbraun frittieren.

8 Die gebackenen Auberginen zum Abtropfen auf Küchenpapier legen. Noch heiß auf einem Teller anrichten und sofort servieren.

Fleisch & Geflügel

Fleisch ist in fernöstlichen Ländern relativ teuer und wird deshalb sparsamer verwendet als bei uns. Dafür wird sein kulinarisches Potenzial  durch raffinierte Marinaden, Würzsaucen und -pasten sowie andere köstliche Zutaten voll zur Geltung gebracht, sodass es eine riesige Auswahl an äußerst delikaten Gerichten gibt.

In Malaysia findet man eine Vielzahl unterschiedlicher Würzmethoden für Fleisch, die die ethnische Vielfalt der Bevölkerung widerspiegelt. In China werden Geflügel, Lamm, Rind- oder Schweinefleisch im Wok gebraten oder geschmort und mit abwechslungsreichen Gewürzen und Saucen, wie Soja-, Bohnen- und Austernsauce, zubereitet. In Japan wird Fleisch meist mariniert und dann im Wok sehr rasch bei starker Hitze unter Rühren gegart oder in Misobrühe gedünstet.

Hühnchen-Curry mit Kokos

Für 4 Personen

2 EL Sonnenblumenöl

450 g Hähnchenbrustfilet

150 g Okraschoten

1 große Zwiebel, in Ringen

2 Knoblauchzehen, zerdrückt

3 EL milde Currypaste

300 ml Hühnerbrühe

1 EL frischer Zitronensaft

100 g Kokoscreme

175 g Ananas, frisch oder aus der
    Dose, gewürfelt

150 g Naturjoghurt

2 EL frisch gehackter Koriander

GARNIERUNG

Zitronenspalten

frische Korianderzweige

Reis, als Beilage

3 Currypaste mit Hühnerbrühe und Zitronensaft verrühren, dann in den Wok gießen. Aufkochen, abdecken und 30 Minuten köcheln.

1 Das Öl in einem Wok erhitzen. Das Hähnchenfleisch in mundgerechte Stücke schneiden und im Wok unter häufigem Rühren anbraten.

4 Die Kokoscreme einrühren und ca. 5 Minuten mitgaren – dadurch wird die Sauce sämig.

2 Die Stilenden der Okraschoten abtrennen. Zwiebel, Knoblauch und Okraschoten in den Wok geben und alles 2–3 Minuten pfannenrühren.

5 Ananas, Joghurt und Koriander zufügen und 2 Minuten unter ständigem Rühren erhitzen. Mit Zitronen und Koriander garnieren. Heiß mit Reis servieren.

Ingwerhuhn

Für 4 Personen

2 EL Sonnenblumenöl

1 Zwiebel, in Ringen

175 g Karotten, in dünne Stifte
geschnitten

1 Knoblauchzehe, zerdrückt

350 g Hähnchenbrustfilet

2 EL frisch geriebene Ingwerwurzel

1 TL gemahlener Ingwer

4 EL Mirin oder süßer Sherry

1 EL Tomatenmark

1 EL brauner Zucker

100 ml Orangensaft

1 TL Speisestärke

1 Orange, geschält und in Spalten

Schnittlauchröllchen, zum Garnieren

1 Das Öl in einem vorgewärmten großen Wok erhitzen. Zwiebel, Karotten und Knoblauch hineingeben und bei starker Hitze unter ständigem Rühren 3 Minuten garen.

2 Die Hähnchenbrustfilets mit einem scharfen Messer in schmale Streifen schneiden. Fleisch, frischen und gemahlenen Ingwer in den Wok geben. 10 Minuten pfannenrühren, bis das Hähnchenfleisch innen gar und außen goldbraun ist.

3 Mirin, Tomatenmark, Zucker, Orangensaft und Speisestärke in einer Schüssel vermengen. Die Mischung ebenfalls in den Wok geben

und unterrühren. Dann alles erneut erhitzen und aufkochen, bis die Flüssigkeit eindickt.

4 Die Orangenspalten zufügen und behutsam unterheben.

5 Das fertige Gericht auf vorgewärmte Schalen verteilen, mit Schnittlauch garnieren und sofort servieren.

43

Hühnchenpfanne mit Kreuzkümmel

Für 4 Personen

450 g Hähnchenbrustfilet

2 EL Sonnenblumenöl

1 Knoblauchzehe, zerdrückt

1 EL Kreuzkümmelsamen

1 EL frisch geriebene Ingwerwurzel

1 rote Chili, entkernt und in Ringe
geschnitten

1 rote Paprika, entkernt und in
Streifen geschnitten

1 grüne Paprika, entkernt und in
Streifen geschnitten

1 gelbe Paprika, entkernt und in
Streifen geschnitten

100 g Bohnensprossen

350 g Pak Choi oder Mangold

2 EL süße Chilisauce

3 EL helle Sojasauce

Ingwer-Chips, zum Garnieren
(s. Tipp)

1 Die Hähnchenbrustfilets in schmale Streifen schneiden.

2 Das Öl in einem vorgewärmten großen Wok erhitzen.

3 Das Fleisch in den Wok geben und 5 Minuten pfannenrühren.

4 Knoblauch, Kreuzkümmel, Ingwer und Chili zufügen und alles gut vermengen.

5 Die Paprikastreifen in den Wok geben und 5 Minuten weiterrühren.

6 Bohnensprossen, Pak Choi, Chilisauce und Sojasauce zufügen und mitgaren, bis die Pak-Choi-Blätter zusammenfallen.

7 Das Gericht auf vorgewärmte Schalen verteilen und mit Ingwer-Chips garnieren.

TIPP

So werden Ingwer-Chips
gemacht: Ein dickes Stück
Ingwerwurzel schälen und in
dünne Scheiben schneiden. Dann
die Scheiben vorsichtig für ca.
30 Sekunden in heißes Öl
tauchen. Die frittierten Ingwer-
scheiben mit einem Schaumlöffel
herausnehmen und gründlich
auf Küchenpapier abtropfen
lassen.

Mangohuhn süß-sauer

Für 4 Personen

1 EL Sonnenblumenöl

6 Hähnchenschenkel

1 reife Mango

2 Knoblauchzehen, zerdrückt

220 g Porree, in Ringen

100 g Bohnensprossen

150 ml Mangosaft

1 EL Weißweinessig

2 EL Honig

2 EL Tomatenketchup

1 TL Speisestärke

1 Das Öl in einem vorgewärmten großen Wok erhitzen.

2 Das Hühnerfleisch entbeinen und enthäuten, dann in mundgerechte Würfel schneiden.

3 Die Fleischwürfel in den Wok geben und bei starker Hitze unter Rühren 10 Minuten braten, bis sie innen gar und außen goldbraun sind.

4 Die Mango schälen. In Stücke schneiden.

5 Die Mangostücke mit Knoblauch, Porree und Bohnensprossen in den Wok geben und alles unter Rühren weitere 2–3 Minuten anbraten.

6 Mangosaft, Weißweinessig, Honig und Ketchup mit der Speisestärke vermengen.

7 Die Mangosaft-Honig-Mischung in den Wok gießen und 2 Minuten mitgaren, bis die Flüssigkeit eindickt.

8 Das fertige Gericht in eine vorgewärmte Servierschüssel umfüllen und sofort auftragen.

Hühnchen mit grünem Gemüse

Für 4 Personen

2 EL Sonnenblumenöl

450 g Hähnchenbrustfilet

2 Knoblauchzehen, zerdrückt

1 grüne Paprika

100 g Zuckererbsen

6 Frühlingszwiebeln, in Ringen

220 g Kohlblätter, in Streifen

150 g gelbe Bohnensauce (ersatzweise helles Miso)

50 g Cashewkerne, geröstet

zusätzliche Frühlingszwiebeln, zum
Garnieren

1 Das Sonnenblumenöl in einem vorgewärmten großen Wok erhitzen.

2 Das Hühnerfleisch mit einem scharfen Messer in schmale Streifen schneiden.

3 Fleisch und Knoblauch in den Wok geben. 5 Minuten pfannen-rühren, bis die Fleischstücke rundum kross und goldbraun gebraten sind.

4 Mit einem Küchenmesser die Paprikaschote entkernen und in schmale Streifen schneiden.

5 Zuckererbsen, Frühlingszwiebeln, Paprikastreifen und Kohlblätter in den Wok geben. 5 Minuten unter Rühren anbraten, bis das Gemüse bissfest ist.

6 Dann die Bohnensauce unter-rühren und etwa 2 Minuten bis zum Aufkochen mitgaren.

7 Die Cashewkerne darüber streuen.

8 Alle Zutaten aus dem Wok auf vorgewärmte Teller geben und nach Belieben mit Frühlingszwiebeln garnieren. Sofort servieren.

Paprikahuhn mit Orangen

Für 4 Personen

3 EL Sonnenblumenöl

350 g Hähnchenschenkel, entbeint, enthäutet und in dünnen Streifen

1 Zwiebel, in Ringen

1 Knoblauchzehe, zerdrückt

1 rote Paprika, entkernt und in Streifen

80 g Zuckererbsen

4 EL helle Sojasauce

4 EL Reiswein oder trockener Sherry

1 EL Tomatenmark

fein geriebene Schale und Saft von 1 Orange

1 TL Speisestärke

2 Orangen

100 g Bohnensprossen

Nudeln oder Reis, als Beilage

TIPP

Bei den in der chinesischen Küche sehr beliebten Bohnensprossen handelt es sich um Mungobohnenkeime. Sie werden nur kurz gegart oder auch roh verzehrt.

1 Das Öl in einem vorgewärmten Wok erhitzen. Dann das Hähnchenfleisch im Wok unter ständigem Rühren 2–3 Minuten anbraten.

2 Zwiebel, Knoblauch, Paprika und Zuckererbsen in den Wok geben und alles zusammen weitere 5 Minuten pfannenrühren, bis das Gemüse bissfest und das Fleisch gar ist.

3 Sojasauce, Reiswein, Tomatenmark, Orangenschale und -saft mit der Speisestärke mischen. Die Mischung in den Wok gießen, dabei ständig rühren, bis die Flüssigkeit eindickt.

4 Die Orangen schälen und in Spalten teilen. Orangenspalten und Bohnensprossen in den Wok geben. Kurz erhitzen.

5 Das fertige Gericht auf Tellern anrichten und sofort mit gekochten Nudeln oder gekochtem Reis servieren.

Hühnchen mit Kirschtomaten nach Thai-Art

Für 4 Personen

1 EL Sonnenblumenöl

450 g Hähnchenbrustfilet

2 Knoblauchzehen, zerdrückt

2 EL frisch geriebener Galgant
    (ersatzweise Ingwer)

2 EL rote Currypaste

1 EL Tamarindenpaste

4 Kaffir-Limetten-Blätter

220 g Süßkartoffeln

600 ml Kokosmilch

220 g Kirschtomaten, halbiert

3 EL frisch gehackter Koriander

thailändischer Duftreis (Jasminreis),
    als Beilage

1 Das Öl in einem vorgewärmten großen Wok erhitzen.

2 Das Hühnerfleisch in schmale Streifen schneiden und 5 Minuten im Wok braten.

3 Knoblauch, Galgant, Currypaste, Tamarindenpaste und Kaffir-Limetten-Blätter zugeben. Alles 1 Minute pfannenrühren.

4 Die Süßkartoffeln schälen und würfeln.

5 Die Kokosmilch und die Kartoffelwürfel in den Wok geben und alles aufkochen. Dann bei mittlerer Hitze die Flüssigkeit 20 Minuten einkochen.

6 Kirschtomaten und Koriander in den Wok geben und alles 5 Minuten unter häufigem Rühren fertig garen. Auf Teller verteilen und heiß servieren. Dazu gekochten thailändischen Duftreis (Jasminreis) reichen.

Hühnchen Chop-Suey

Für 4 Personen

4 EL helle Sojasauce

2 TL brauner Zucker

500 g Hähnchenbrustfilet

3 EL Öl

2 Zwiebeln, geviertelt

2 Knoblauchzehen, zerdrückt

350 g Bohnensprossen

3 TL Sesamöl

1 EL Speisestärke

3 EL Wasser

450 ml Hühnerbrühe

etwas Porree, in dünne Streifen
    geschnitten

1 Sojasauce und Zucker verrühren, bis der Zucker aufgelöst ist.

2 Das Fleisch von Fettrückständen befreien. Dann in dünne Streifen schneiden, in eine flache Glasschale geben und mit der Sojamischung übergießen. Gut darin wenden und 20 Minuten im Kühlschrank marinieren.

3 Das Öl in einem vorgewärmten Wok erhitzen. Das Fleisch zugeben und unter Rühren 2–3 Minuten goldbraun braten. Die Zwiebelviertel und den Knoblauch zugeben und weitere 2 Minuten braten. Die Bohnensprossen zufügen und 4–5 Minuten mitgaren, dann das Sesamöl zufügen.

4 Die Speisestärke mit dem Wasser glatt rühren. Die Brühe zusammen mit der angerührten Speisestärke in den Wok gießen und unter Rühren aufkochen, bis die Sauce eindickt. Das fertige Gericht in eine vorgewärmte Servierschüssel geben, mit Porreestreifen garnieren und sofort servieren.

51

Huhn in Bohnensauce

Für 4 Personen

450 g Hähnchenbrustfilet

1 EL Speisestärke

1 Eiweiß, verquirlt

1 EL Reisessig

1 EL helle Sojasauce

1 TL Zucker

3 EL Öl

1 Knoblauchzehe, zerdrückt

1-cm-Stück Ingwerwurzel, gerieben

1 grüne Paprika, entkernt und
gewürfelt

2 große Pilze, in Scheiben

3 EL gelbe Bohnensauce

gelbe oder grüne Paprikastreifen,
zum Garnieren

VARIATION

Dieses Gericht schmeckt auch
mit schwarzer Bohnensauce
sehr köstlich. Allerdings verän-
dert sich das Erscheinungsbild,
denn die Speise nimmt eine
dunklere Farbe an.

1 Das Hühnerfleisch mit einem
scharfen Messer in 2,5 cm große
Würfel schneiden.

2 In einer flachen Schale die Speisestärke unter das Eiweiß ziehen.
Das Fleisch zugeben und gut mit der
Eiweißmischung verrühren. Für 20 Minuten beiseite stellen.

3 Essig, Sojasauce und Zucker vermischen.

4 Das Fleisch aus der Eiweißmischung nehmen.

5 Das Öl im vorgewärmten Wok
erhitzen und die Hähnchenstücke
darin 3–4 Minuten unter Rühren goldbraun braten. Herausnehmen und
warm halten.

6 Knoblauch, Ingwer, Paprika und
Pilze in den Wok geben und
1–2 Minuten anbraten.

7 Bohnensauce einrühren und alles
noch 1 Minute anbraten. Essig-
mischung zugießen, das Fleisch zugeben. Weitere 1–2 Minuten garen, mit
Paprikastreifen garnieren und servieren.

Huhn mit Bohnen

Für 4 Personen

225 g getrocknete Augenbohnen, über Nacht eingeweicht und abgetropft

1 TL Salz

2 Zwiebeln, gehackt

2 Knoblauchzehen, zerdrückt

1 TL Kurkuma

1 TL Kreuzkümmel

1,25 kg Huhn, in 8 Teile zerlegt

1 grüne Paprikaschote, entkernt und gewürfelt

2 EL Pflanzenöl

2,5-cm-Stück Ingwerwurzel, gerieben

2 TL Koriandersamen

½ TL Fenchelsamen

2 TL Garam Masala

1 EL frisch gehackter Koriander, zum Garnieren

1 Bohnen mit Salz, Zwiebeln, Knoblauch, Kurkuma und Kreuzkümmel in einen Wok oder eine Pfanne geben. Mit Wasser bedecken und zum Kochen bringen, 15 Minuten köcheln.

2 Huhn und Paprika in den Wok geben, kurz aufkochen. Hitze reduzieren, 30 Minuten leise köcheln, bis die Bohnen weich sind und beim Anstechen der Hühnerteile mit einem spitzen Messer an der dicksten Stelle kein Blut mehr austritt.

3 Öl im Wok oder in der Pfanne erhitzen. Ingwer, Koriander- und Fenchelsamen 30 Sekunden anbraten.

4 Gewürze und Garam Masala zum Huhn geben und untermengen. Noch 5 Minuten köcheln, mit gehacktem Koriander garnieren und servieren.

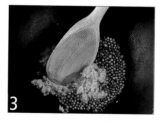

Knoblauchhuhn nach Thai-Art

Für 4 Personen

4 Knoblauchzehen, gehackt

4 Schalotten, gehackt

2 frische kleine rote Chillies,
   entkernt und gehackt

1 Stängel Zitronengras, fein gehackt

1 EL frisch gehackter Koriander

1 TL Krabbenpaste

½ TL gemahlener Zimt

1 EL Tamarindenpaste

2 EL Öl

8 kleine Hühnerteile, z. B. Flügel
   oder Unterkeulen

300 ml Hühnerbrühe

1 EL thailändische Fischsauce

1 EL Erdnussbutter

Salz und Pfeffer

4 EL geröstete Erdnüsse, gehackt

ZUM SERVIEREN

pfannengerührtes Gemüse

gekochte Nudeln

1 Knoblauch, Schalotten, Chillies, Zitronengras, Koriander und Krabbenpaste im Mörser zu einer glatten Paste zerstoßen. Gemahlenen Zimt und Tamarindenpaste zugeben und unterrühren.

2 Das Öl in einem Wok oder einer großen Pfanne erhitzen. Das Hühnerfleisch zugeben und unter häufigem Wenden rundum braun anbraten. Aus dem Wok nehmen und warm halten. Das Fett aus dem Wok abgießen.

3 Die Gewürzpaste in die Pfanne oder den Wok geben und bei mittlerer Hitze leicht anbraten. Die Hühnerbrühe einrühren und das Fleisch wieder zugeben.

4 Zum Kochen bringen, dann gut abdecken und bei schwacher Hitze 25–30 Minuten köcheln, bis das Fleisch gar ist. Dabei gelegentlich rühren. Fischsauce und Erdnussbutter einrühren und weitere 10 Minuten köcheln.

5 Mit Salz und Pfeffer abschmecken, dann mit den gerösteten Erdnüssen bestreuen. Heiß zu einer bunten Gemüsemischung und gekochten Nudeln servieren.

Zitronenhuhn mit Sesamkruste

Für 4 Personen

4 Hähnchenbrustfilets

1 Eiweiß

2 EL Sesamsaat

2 EL Öl

1 Zwiebel, in Ringen

1 EL brauner Zucker

Zesten und Saft von 1 Zitrone

3 EL Lemon Curd (s. Tipp)

200 g Wasserkastanien aus der
    Dose

Zitronenschale, zum Garnieren

TIPP

Lemon Curd – eine englische Spe-
zialität aus Butter, Zucker, Zitronensaft und Eiern – ist in Delika-
tessenläden oder englischen
Lebensmittelgeschäften erhältlich.

1 Die Hähnchenbrustfilets in Frischhaltefolie wickeln und mit einem
Nudelholz flach klopfen. Dann in
schmale Streifen schneiden.

2 Das Eiweiß steif schlagen.

3 Die Fleischstreifen in den Eischnee
tauchen. Dann im Sesam wenden.

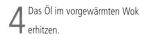

4 Das Öl im vorgewärmten Wok
erhitzen.

5 Die Zwiebelringe in den Wok
geben. 2 Minuten pfannenrühren,
bis sie gar, aber noch bissfest sind.

6 Die Fleischstreifen mit Sesamkruste in den Wok geben und unter
Rühren 5 Minuten anbraten, bis sie
gebräunt sind.

7 Zucker, Zitronenschale und -saft
sowie Lemon Curd verrühren und
die Mischung in den Wok gießen.
Einen Moment warten, bis die Flüssigkeit aufkocht.

8 Die Wasserkastanien abtropfen
lassen, in dünne Scheiben schneiden und 2 Minuten im Wok mitgaren.
Zum Schluss alles in Schalen füllen, mit
Zitronenschale garnieren und heiß
servieren.

Huhn mit Cashewkernen

Für 4 Personen

450 g Hähnchenbrustfilet

2 EL Öl

1 rote Zwiebel, in Ringe geschnitten

175 g Speisepilze mit abgeflachten
    Hüten, in Scheiben

100 g Cashewkerne

75 g gelbe Bohnensauce

frischer Koriander, zum Garnieren

gekochter Reis, als Beilage

TIPP

Sie können die Hähnchenbrustfilets auch durch Hähnchenschenkel ersetzen.

1 Das Hühnerfleisch in kleine, mundgerechte Stücke schneiden.

2 Das Öl in einem vorgewärmten Wok erhitzen.

3 Das Fleisch in den Wok geben und 5 Minuten pfannenrühren.

4 Zwiebel und Pilze zugeben und 5 Minuten weiterrühren.

5 Die Cashewkerne auf ein Back-blech geben und bei mittlerer Hitze unter dem Grill goldbraun rösten, damit sie ihr Aroma entfalten können.

6 Die gerösteten Cashewkerne in den Wok geben, die Bohnensauce zufügen und alles 2–3 Minuten köcheln.

7 Das fertige Gericht auf vorge-wärmten Schalen anrichten und mit frischem Koriander garnieren. Dazu Reis servieren.

Pfefferhuhn mit Zuckererbsen

Für 4 Personen

2 EL Tomatenketchup

2 EL Sojasauce

450 g Hühnerfleisch

2 EL bunte Pfefferkörner, zerstoßen

2 EL Sonnenblumenöl

1 rote Paprika

1 grüne Paprika

175 g Zuckererbsen

2 EL Austernsauce

VARIATION

Statt frischer Zuckererbsen feine Erbsen aus der Dose verwenden.

1 Tomatenketchup und Sojasauce in einer Schale verrühren.

2 Das Hühnerfleisch mit einem scharfen Messer in dünne Streifen schneiden, in die Ketchup-Sojasaucen-Mischung geben und gut damit verrühren.

3 Die Pfefferkörner auf einen Teller geben. Die mit Sauce überzogenen Fleischstreifen mehrmals in den Pfefferkörnern wenden, bis sie rundum von diesen bedeckt sind.

4 Das Sonnenblumenöl in einem Wok erhitzen.

5 Das Fleisch 5 Minuten darin pfannenrühren.

6 Die Paprika entkernen und in Streifen schneiden.

7 Paprika und Zuckererbsen in den Wok geben. Alles unter Rühren weitere 5 Minuten braten.

8 Die Austernsauce zugeben und 2 Minuten köcheln. Auf Schalen verteilen. Sofort servieren.

Huhn mit Honigkruste

Für 4 Personen

2 EL Honig

3 EL helle Sojasauce

1 TL Fünf-Gewürze-Pulver

1 EL Mirin oder süßer Sherry

1 Knoblauchzehe, zerdrückt

8 Hähnchenschenkel

1 EL Sonnenblumenöl

1 rote Chilischote

100 g Babymaiskolben, halbiert

8 Frühlingszwiebeln, in Ringen

150 g Bohnensprossen

TIPP

Das aromatische Fünf-Gewürze-Pulver ist in asiatischen Lebensmittelgeschäften und großen Supermärkten erhältlich.

1 Honig, Sojasauce, Fünf-Gewürze-Pulver, Mirin und Knoblauch in einer großen Schale vermengen.

2 Die Hähnchenschenkel jeweils dreimal mit einem Messer einschneiden. Dann in die Honig-Soja-Marinade geben und darin wenden, die Schüssel abdecken und das Fleisch mindestens 30 Minuten marinieren.

3 Das Öl in einem vorgewärmten großen Wok erhitzen.

4 Die Hähnchenschenkel in den Wok legen, die Hitze erhöhen und die Schenkel 12–15 Minuten knusprig braun braten. Anschließend mit einem Schaumlöffel aus dem Wok nehmen.

5 Die Chili mit einem scharfen Messer entkernen und sehr fein hacken.

6 Chili, Babymais, Frühlingszwiebeln und Bohnensprossen in den Wok geben und 5 Minuten pfannenrühren.

7 Die Hähnchenschenkel wieder in den Wok geben, alles gut vermengen und noch einmal erhitzen.

8 Das fertige Gericht auf Tellern anrichten und sofort servieren.

Chilihuhn mit frittierten Basilikumblättern

Für 4 Personen

8 Hähnchenkeulen

2 EL Sojasauce

1 EL Sonnenblumenöl

1 rote Chili

100 g Karotten, in dünnen Stiften

6 Selleriestangen, in Stiften

3 EL süße Chilisauce

Öl, zum Frittieren

ca. 50 frische Basilikumblätter, zum
Garnieren

1 Die Hähnchenkeulen nach Belieben enthäuten. Jede Keule dreimal einkerben und ringsum mit Sojasauce bestreichen.

2 Das Öl in einem vorgewärmten Wok erhitzen, die Hähnchenkeulen hineingeben und unter häufigem Rühren 20 Minuten gar braten.

3 Die Chili entkernen und hacken. Chili, Karotten- und Selleriestifte in den Wok geben und 5 Minuten mitgaren. Chilisauce einrühren und alles abgedeckt weiterköcheln.

4 In der Zwischenzeit die Basilikumblätter zubereiten. Etwas Öl in einer gusseisernen Pfanne erhitzen. Behutsam die Basilikumblätter hineingeben. Wegen der Spritzgefahr einen Sicherheitsabstand halten und die Hand in ein Küchentuch wickeln. Die Blätter ca. 30 Sekunden frittieren; sie sollen sich wellen, ohne braun zu werden. Dann herausnehmen und auf Küchenpapier abtropfen lassen.

5 Das Gericht auf einer Servierplatte anrichten und garnieren.

Knoblauchhuhn mit Koriander & Limetten

Für 4 Personen

4 große Hähnchenbrustfilets

50 g weiche Knoblauchbutter

3 EL frisch gehackter Koriander

1 EL Sonnenblumenöl

fein geriebene Schale und Saft von

    2 Limetten

25 g brauner Zucker

zusätzlicher Koriander, zum

    Garnieren

Reis, als Beilage

1 Die Hähnchenbrustfilets einzeln in Frischhaltefolie wickeln und mit einem Nudelholz flach klopfen, sodass sie ca. 1 cm dick sind.

2 Die Knoblauchbutter mit dem Koriander verrühren und die Fleischscheiben damit bestreichen. Dann aufrollen und mit Zahnstochern fest verschließen.

3 Das Öl in einem großen Wok erhitzen. Die Fleischröllchen hineinlegen und unter häufigem Wenden 15–20 Minuten garen.

4 Das Fleisch aus dem Wok nehmen, auf ein Küchenbrett legen und in Scheiben schneiden.

5 Limettenschale, -saft und Zucker in den Wok geben und bei niedriger Hitze rühren, um den Zucker aufzulösen. Dann die Hitze erhöhen und alles 2 Minuten köcheln.

6 Die Fleischscheiben auf vorgewärmten Tellern anrichten und den Pfannensud darüber verteilen.

7 Nach Belieben mit Koriander garnieren und mit Reis servieren.

Thailändische Gemüsepfanne mit Huhn

Für 4 Personen

3 EL Sesamöl

350 g Hähnchenbrustfilet, in dünne
   Streifen geschnitten

Salz und Pfeffer

8 Schalotten, in Scheiben

2 Knoblauchzehen, fein gehackt

1 grüne Chili, fein gehackt

2,5-cm-Stück Ingwerwurzel,
   gerieben

je 1 rote und grüne Paprika, in
   dünne Streifen geschnitten

3 Zucchini, in dünne Scheiben
   geschnitten

2 EL gemahlene Mandeln

1 TL gemahlener Zimt

1 EL Austernsauce

20 g Kokoscreme

1 Das Sesamöl in einem großen
   Wok erhitzen. Das Hühnerfleisch
hineingeben und mit Salz und Pfeffer
würzen. Dann ca. 5 Minuten scharf
anbraten.

2 Schalotten, Knoblauch, Chili und
   Ingwer zugeben und 2 Minuten
pfannenrühren.

3 Paprika und Zucchini zugeben
   und etwa 1 Minute mitbraten.

4 Schließlich Mandeln, Zimt, Austernsauce und Kokoscreme zufügen und 1 Minute pfannenrühren. Das
fertige Gericht auf Teller verteilen und
heiß servieren.

TIPP

Kokoscreme ist ein fester Riegel
aus Kokosnussextrakten und nicht
etwa eine flüssige Creme. Sie ist
in asiatischen Lebensmittelgeschäften auch unter dem Namen
Creamed Coconut erhältlich.

Hühnchenpfanne mit Mais

Für 4 Personen

4 Hähnchenbrustfilets

250 g Babymaiskolben

250 g Zuckererbsen

2 EL Sonnenblumenöl

1 EL Sherryessig

1 EL Honig

1 EL helle Sojasauce

1 EL Sonnenblumenkerne

Pfeffer

Reis oder Eiernudeln, zum Servieren

TIPP

Der Sherryessig kann durch Reisessig oder Balsamico ersetzt werden.

---

1 Das Hühnerfleisch mit einem scharfen Messer in lange, schmale Streifen schneiden.

2 Den Mais länge halbieren, die Zuckererbsen putzen und das vorbereitete Gemüse beiseite stellen.

3 Das Öl in einem Wok oder in einer großen Pfanne erhitzen.

4 Das Fleisch zugeben und bei starker Hitze unter ständigem Rühren 1 Minute anbraten.

5 Den Mais und die Zuckererbsen zugeben, die Hitze reduzieren und alle Zutaten unter Rühren weitere 5–8 Minuten braten, bis sie gar sind.

6 Sherryessig, Honig und Sojasauce in einer kleinen Schüssel gut verrühren.

7 Die Mischung in die Pfanne gießen. Dann die Sonnenblumenkerne einstreuen.

8 Alles mit Pfeffer würzen und unter Rühren 1 weitere Minute braten.

9 Die fertige Hühnchenpfanne heiß mit Reis oder Nudeln servieren.

Korianderhuhn

Für 4 Personen

4 Hähnchenbrustfilets

2 Knoblauchzehen, geschält

1 frische grüne Chili, entkernt

2-cm-Stück Ingwerwurzel

4 EL frisch gehackter Koriander

geriebene Schale von 1 Limette

3 EL Limettensaft

2 EL helle Sojasauce

1 EL Zucker

180 ml Kokosmilch

Gurken und Radieschen, in
    Scheiben, zum Garnieren

Reis, zum Servieren

1 Mit einem scharfen Messer die Oberseite der Hähnchenbrustfilets je dreimal einschneiden. Die Hähnchenbrustfilets nebeneinander in eine flache Schale aus Glas oder Porzellan legen.

2 Knoblauch, Chili, Ingwer, Koriander, Limettenschale und -saft, Sojasauce, Zucker und Kokosmilch zu einer glatten Paste pürieren.

3 Die Hähnchenbrustfilets von beiden Seiten mit dem Püree bestreichen. Die Schale mit Frischhaltefolie abdecken und für mindestens 1 Stunde in den Kühlschrank stellen.

4 Das Fleisch aus der Marinade nehmen, abtropfen lassen und in eine Grillpfanne legen. Unter dem vorgeheizten Grill auf mittlerer Schiene 12–15 Minuten garen.

5 Inzwischen die restliche Marinade in einem Topf zum Kochen bringen. Die Hitze reduzieren und einige Minuten köcheln, um die Sauce gut durchzuwärmen.

6 Die Hähnchenbrustfilets mit der Sauce anrichten, mit Gurken- und Radieschenscheiben zu Reis servieren.

Mangohuhn mit Gemüse

Für 4 Personen

6 Hähnchenkeulen, entbeint und
 enthäutet

2-cm-Stück Ingwerwurzel, gerieben

1 Knoblauchzehe, zerdrückt

1 frische kleine rote Chili, entkernt

1 große rote Paprika

4 Frühlingszwiebeln

200 g Zuckererbsen

100 g Babymaiskolben

1 feste große reife Mango

2 EL Sonnenblumenöl

1 EL helle Sojasauce

3 EL Reiswein oder Sherry

1 TL Sesamöl

Salz und Pfeffer

Schnittlauchröllchen, zum Garnieren

1 Das Fleisch in lange, schmale Streifen schneiden und in eine Schüssel geben. Ingwer, Knoblauch und Chili verrühren, über das Fleisch geben und alles gründlich vermengen.

2 Die Paprika schräg in schmale Streifen schneiden. Die Frühlingszwiebeln putzen und schräg in Ringe schneiden. Zuckererbsen und Maiskolben schräg halbieren. Die Mango schälen und das Fruchtfleisch in dünnen Scheiben vom Stein abschneiden.

3 Das Öl in einem Wok oder einer großen Pfanne stark erhitzen. Das Fleisch zugeben und 4–5 Minuten von allen Seiten hellbraun anbraten. Die Paprika zugeben und bei mittlerer Hitze 4–5 Minuten weich dünsten.

4 Frühlingszwiebeln, Zuckererbsen und Babymaiskolben zugeben und 1 Minute mitbraten.

5 Sojasauce, Reiswein und Sesamöl verrühren und in den Wok geben. Die Mango zufügen und 1 Minute mitbraten, bis sie heiß ist.

6 Alles mit Salz und Pfeffer abschmecken, mit Schnittlauchröllchen garnieren und sofort servieren.

Ente mit Mais & Ananas

Für 4 Personen

4 Entenbrustfilets

1 TL Fünf-Gewürze-Pulver

1 EL Speisestärke

1 EL Chiliöl

250 g Schalotten, geschält

2 Knoblauchzehen, zerdrückt

100 g Babymaiskolben

150 g Ananasstücke aus der Dose

6 Frühlingszwiebeln, in Ringen

100 g Bohnensprossen

2 EL Pflaumensauce

1 Die Entenbrustfilets in dünne Scheiben schneiden.

2 Fünf-Gewürze-Pulver und Speisestärke in einer großen Schüssel vermengen. Die Fleischscheiben in der Gewürze-Stärke-Mischung wenden, bis sie rundum gut bedeckt sind.

3 Das Öl in einem vorgewärmten Wok erhitzen. Das Fleisch darin 10 Minuten unter Rühren anbraten, bis es knusprig ist. Das Fleisch herausnehmen und beiseite stellen.

4 Schalotten und Knoblauch in den Wok geben und 5 Minuten braten. Den Mais zugeben und 5 Minuten pfannenrühren. Ananas, Frühlingszwiebeln und Bohnensprossen zufügen. Alles weitere 3–4 Minuten pfannenrühren. Dann die Pflaumensauce unterrühren.

5 Das Fleisch wieder in den Wok geben und gut mit den anderen Zutaten vermengen. Heiß servieren.

Ingwerreis mit Ente

Für 4 Personen

2 Entenbrustfilets, enthäutet und
    schräg in Streifen geschnitten

2–3 EL japanische Sojasauce

1 EL Mirin (japanischer süßer Reis-
    wein) oder Sherry

2 TL brauner Zucker

5-cm-Stück Ingwerwurzel, fein
    gehackt oder gerieben

4 EL Erdnussöl

2 Knoblauchzehen, zerdrückt

300 g weißer oder brauner
    Langkornreis

850 ml Hühnerbrühe

120 g magerer gekochter Schinken,
    in schmale Streifen geschnitten

180 g Zuckererbsen, halbiert

40 g frische Bohnensprossen

8 Frühlingszwiebeln, schräg in
    dünne Scheiben geschnitten

2–3 EL frisch gehackter Koriander

milde oder scharfe Chilisauce

2 2–3 Esslöffel Erdnussöl in einem großen Schmortopf bei mittlerer Hitze erwärmen. Knoblauch und die Hälfte des restlichen Ingwers zugeben und 1 Minute dünsten, bis er zu duften beginnt. Den Reis zugeben und 3 Minuten unter Rühren glasig dünsten.

3 700 ml Brühe und 1 Teelöffel Sojasauce zufügen und aufkochen. Die Hitze reduzieren, mit geschlossenem Deckel 20 Minuten köcheln, bis der Reis gar ist und die Flüssigkeit aufgenommen hat. Den geschlossenen Topf vom Herd nehmen und beiseite stellen.

4 Das restliche Erdnussöl in einer großen Pfanne erhitzen. Das Fleisch aus der Marinade nehmen und 3 Minuten bräunen. 1 Esslöffel Sojasauce und den restlichen Zucker zufügen und 1 weitere Minute braten. Auf einen Teller umfüllen und warm halten.

1 Das Fleisch in einer Schüssel mit 1 Esslöffel Sojasauce, Mirin oder Sherry, der Hälfte des Zuckers und einem Drittel des Ingwers vermischen und marinieren.

5 Schinken, Zuckererbsen, Bohnensprossen, Frühlingszwiebeln, den restlichen Ingwer, die Hälfte des Korianders und 100 ml Brühe zugeben und 1 Minute kräftig kochen, bis die Brühe fast eingekocht ist. Den Reis untermischen und mit Chilisauce abschmecken.

6 Den Reis auf einen Servierteller geben, die Ente darauf anrichten und mit dem restlichen Koriander bestreuen.

Mangoente

Für 4 Personen

2 reife Mangos

300 ml Hühnerbrühe

2 Entenbrustfilets à 250 g

2 Knoblauchzehen, zerdrückt

1 TL frisch geriebene Ingwerwurzel

3 EL Öl

1 TL Reisessig

1 TL helle Sojasauce

1 Porreestange, in Ringen

frisch gehackte Petersilie, zum

    Garnieren

1 Die Mangos schälen. Das Fruchtfleisch von den flachen Kernen
lösen und in Streifen schneiden.

2 Die Hälfte der Mangostreifen
zusammen mit der Brühe im
Mixer pürieren. Oder die Mangostücke
durch ein Sieb pressen und mit der
Brühe verrühren.

3 Das Entenfleisch mit Knoblauch
und Ingwer einreiben. Das Öl im
Wok erhitzen und das Fleisch darin von
allen Seiten anbraten. Die Fleischstücke
herausnehmen und das Öl im Wok
belassen.

4 Den Backofen auf 220 °C vorhei-
zen. Die Fleischstücke auf einen
Bratrost mit untergestellter Saftpfanne
legen und im Ofen 20 Minuten braten.

5 Inzwischen die Mango-Brühe-
Mischung mit Essig und Sojasauce in einen Topf geben.

6 Alles bei starker Hitze unter
Rühren auf die Hälfte einkochen.

7 Den Wok mit dem verbliebenen
Öl erhitzen. Den Porree und die
restlichen Mangostreifen 1 Minute
anbraten. Auf einen Servierteller
geben.

8 Die Entenbrust quer aufschneiden
und die Scheiben auf dem Porree-
Mango-Bett anrichten. Die Mango-
sauce über das Fleisch gießen. Das
fertige Gericht mit Petersilie garnieren
und sofort servieren.

Knusprige Ente mit Nudeln & Tamarinde

Für 4 Personen

3 Entenbrustfilets, insgesamt 400 g

2 Knoblauchzehen, zerdrückt

1¹/₂ TL Chilipaste

1 EL Honig

3 EL dunkle Sojasauce

¹/₂ TL Fünf-Gewürze-Pulver

250 g breite Reisnudeln

1 TL Öl

1 TL Sesamöl

2 Frühlingszwiebeln, in Ringe
geschnitten

100 g Zuckererbsen

2 EL Tamarindensaft

Sesamsaat, zum Garnieren

1 Die Haut der Entenbrustfilets mit einer Gabel einstechen und das Fleisch in eine tiefe Schüssel legen.

2 Knoblauch, Chilipaste, Honig, Sojasauce und Fünf-Gewürze-Pulver vermischen und über die Ente gießen. Das Fleisch in der Marinade wenden, dann mindestens 1 Stunde im Kühlschrank marinieren.

3 Unterdessen die Reisnudeln 15 Minuten in heißem Wasser einweichen. Gut abtropfen lassen.

4 Die Entenbrüste aus der Marinade nehmen, abtropfen lassen und die Marinade auffangen. Die Entenbrüste auf einen Grillrost legen. Unter dem vorgeheizten Grill 10 Minuten garen, bis sie goldbraun sind. Dabei gelegentlich wenden. Aus dem Ofen nehmen und dünn aufschneiden.

5 Pflanzen- und Sesamöl in einer großen Pfanne erhitzen. Frühlingszwiebeln und Zuckererbsen 2 Minuten anbraten. Die aufgefangene Marinade und den Tamarindensaft zugießen und alles aufkochen.

6 Das Entenfleisch und die Nudeln zugeben, vermischen und erhitzen. Mit Sesamsaat bestreuen und sofort servieren.

Hoisin-Ente mit Porree & Kohl

Für 4 Personen

4 Entenbrustfilets

350 g Spitzkohl

220 g Porree, in Ringen

fein geriebene Schale von 1 Orange

6 EL Austernsauce

1 TL geröstete Sesamsaat, zum
  Garnieren

1 Einen Wok erhitzen und das
  Entenfleisch mit Haut 5 Minuten
von beiden Seiten im trockenen Wok
anrösten (eventuell in 2 Portionen).

2 Das Fleisch herausnehmen und
  auf ein Küchenbrett legen.

3 Mit einem scharfen Messer in
  dünne Scheiben schneiden.

4 Das Entenfett im Wok bis auf
  1 Esslöffel abgießen.

5 Den Spitzkohl mit einem scharfen
  Kochmesser in dünne Streifen
schneiden.

6 Porreeringe, Spitzkohl und Orangenschale in den Wok geben und
5 Minuten pfannenrühren.

7 Das Entenfleisch wieder in den
  Wok geben und 2–3 Minuten
anbraten.

8 Die Austernsauce über Fleisch
  und Gemüse träufeln. Das Fleisch
dabei mehrmals wenden, damit es gut
mit Sauce überzogen ist, und alles
noch einmal erhitzen.

9 Mit der Sesamsaat bestreuen und
  heiß servieren.

Pute in Preiselbeersauce

Für 4 Personen

450 g Putenbrustfilet

2 EL Sonnenblumenöl

15 g Ingwerpflaumen

50 g Preiselbeeren

100 g Wasserkastanien aus der
    Dose, abgetropft

4 EL Preiselbeersauce

3 EL helle Sojasauce

Salz und Pfeffer

TIPP

Vor dem Pfannenrühren muss der
Wok auf höchster Stufe erhitzt
werden. Wenn Sie eine Hand
7–8 cm über den Wokboden
halten, sollten Sie die Hitze
spüren. Dann hat er genau die
richtige Temperatur.

1 Das Putenbrustfilet mit einem scharfen Messer in dünne Streifen schneiden.

2 Das Öl in einem vorgewärmten großen Wok erhitzen.

3 Das Putenfleisch in den Wok geben und 5 Minuten pfannenrühren, bis es gar ist.

4 Die Ingwerpflaumen mit einem scharfen Messer fein hacken.

5 Ingwerpflaumen und Preiselbeeren in den Wok geben und 2–3 Minuten pfannenrühren, bis die Preiselbeeren weich sind.

6 Wasserkastanien, Preiselbeer- und Sojasauce zufügen, mit Salz und Pfeffer abschmecken und alles 2–3 Minuten köcheln.

7 Auf vorgewärmte Schalen verteilen und sofort servieren.

Rindfleisch mit Zuckererbsen

Für 4 Personen

350 g Rumpsteak

3 EL dunkle Sojasauce

1 EL Tomatenketchup

2 Knoblauchzehen, zerdrückt

1 EL frischer Zitronensaft

1 TL gemahlener Koriander

2 EL Öl

175 g Zuckererbsen

200 g Bambussprossen, abgetropft

1 TL Sesamöl

1 Das Fleisch mit einem scharfen Messer in dünne Streifen schneiden. Die Fleischstreifen in eine Schüssel legen. Sojasauce, Tomatenketchup, Knoblauch, Zitronensaft und Koriander zufügen und sorgfältig mit dem Fleisch vermengen. Die Schüssel abdecken und das Fleisch mindestens 1 Stunde marinieren.

2 Das Öl in einem vorgewärmten Wok erhitzen. Das Fleisch zugeben und 2–4 Minuten pfannenrühren, bis es gar ist.

3 Zuckererbsen und Bambussprossen zufügen, bei starker Hitze 5 Minuten unter Rühren anbraten.

4 Mit Sesamöl beträufeln und die Zutaten gut verrühren, um alles gründlich zu mischen. Auf Schalen verteilen und heiß servieren.

Scharfer Rindfleischsalat

Für 4 Personen

450 g mageres Rumpsteak

2 Knoblauchzehen, zerdrückt

1 TL Chilipulver

$^1/_2$ TL Salz

1 TL gemahlener Koriander

1 reife Avocado

30 ml Sonnenblumenöl

425 g rote Kidneybohnen, abgetropft

175 g Kirschtomaten, halbiert

1 Großpackung Tortilla-Chips

1 fester Salat, in Streifen geschnitten

frisch gehackter Koriander, zum
    Garnieren

1 Das Rindfleisch mit einem scharfen Messer in schmale Streifen schneiden.

2 Knoblauch, Chilipulver, Salz und Koriander in eine große Schale geben und gut vermengen.

3 Die Rindfleischstreifen in die Gewürze legen und gut damit überziehen.

4 Die Avocado mit einem scharfen Messer schälen. Zuerst längs halbieren, dann in kleine Würfel schneiden.

5 Das Öl in einem vorgewärmten großen Wok erhitzen. Das Rindfleisch zufügen und 5 Minuten unter ständigem Rühren anbraten.

6 Kidneybohnen, Tomaten und Avocado zufügen und 2 Minuten mitgaren.

7 Tortilla-Chips und Salat am Rand eines großen Serviertellers anordnen und das Fleisch in die Mitte geben. Oder Chips und Salat getrennt reichen.

8 Mit frischem Koriander garnieren und sofort servieren.

Rindfleisch mit Bohnen

Für 4 Personen

MARINADE

2 TL Speisestärke

2 EL dunkle Sojasauce

2 TL Erdnussöl

450 g Rumpsteak oder Filetsteak, in
   2,5 cm große Stücke geschnitten

SAUCE

2 EL Öl

3 Knoblauchzehen, zerdrückt

1 kleine Zwiebel, geachtelt

220 g dünne grüne Bohnen,
   halbiert

25 g ungesalzene Cashewkerne

25 g Bambussprossen, abgetropft

2 TL dunkle Sojasauce

2 TL chinesischer Reiswein oder
   trockener Sherry

125 ml Rindfleischbrühe

2 TL Speisestärke

4 TL Wasser

Salz und Pfeffer

1 Für die Marinade Speisestärke, Sojasauce und Erdnussöl mischen.

2 Das Fleisch in eine flache Glasschale legen, die Marinade zugießen und die Fleischstücke gründlich darin wenden. Abgedeckt im Kühlschrank 30 Minuten marinieren.

3 Für die Sauce das Öl in einem Wok erhitzen. Knoblauch, Zwiebel, Bohnen, Cashewkerne und Bambussprossen zugeben und 2–3 Minuten anbraten.

4 Das Fleisch aus der Marinade nehmen, abtropfen lassen, in den Wok geben und 3 Minuten pfannenrühren.

5 Sojasauce, Reiswein oder Sherry und Brühe verrühren. Die Speisestärke mit dem Wasser glatt rühren, dann mit der Brühmischung zu einer Sauce verrühren.

6 Die Sauce in den Wok gießen und unter Rühren kurz aufkochen, bis sie eindickt. Dann die Hitze reduzieren und alles 2–3 Minuten köcheln. Das fertige Gericht mit Salz und Pfeffer abschmecken und sofort servieren.

Rindfleisch in Reiswein & Sojasauce

Für 4 Personen

2 EL Sonnenblumenöl

350 g Rinderfilet, in Streifen

1 rote Zwiebel, in Ringen

175 g Zucchini

175 g Karotten, in dünnen Scheiben

1 rote Paprika, entkernt und in
Streifen geschnitten

1 kleiner Chinakohl, in Streifen

150 g Bohnensprossen

220 g Bambussprossen, abgetropft

150 g Cashewkerne, geröstet

SAUCE

3 EL Reiswein

1 TL gemahlener Ingwer

3 EL helle Sojasauce

1 Knoblauchzehe, zerdrückt

1 TL Speisestärke

1 EL Tomatenmark

1 Das Sonnenblumenöl in einem vorgewärmten großen Wok erhitzen. Fleisch und Zwiebel in den Wok geben und 4–5 Minuten pfannenrühren, um die Zwiebel zu dünsten und das Fleisch zu bräunen.

2 Die Zucchini diagonal in Scheiben schneiden.

3 Karotten, Paprika und Zucchini in den Wok geben und 5 Minuten pfannenrühren.

4 Chinakohl, Bohnensprossen und Bambussprossen zufügen und 2–3 Minuten mitgaren, bis die Blätter zusammenfallen.

5 Die Cashewkerne darüber streuen.

6 Für die Sauce Reiswein, gemahlenen Ingwer, Sojasauce, Knoblauch, Speisestärke und Tomatenmark verrühren. Die Sauce direkt über die Zutaten im Wok verteilen und alles gut vermengen. Alles unter Rühren 2–3 Minuten köcheln, bis die Sauce eindickt.

7 Auf vorgewärmte Schalen verteilen und sofort servieren.

Rinderfilet mit Paprika & Zitronengras

Für 4 Personen

500 g mageres Rinderfilet

2 EL Öl

1 Knoblauchzehe, fein gehackt

1 Stängel Zitronengras, in feine
   Röllchen geschnitten

2 EL frisch geriebene Ingwerwurzel

je 1 rote und grüne Paprika,
   entkernt und in dicke Streifen
   geschnitten

1 Zwiebel, in dicke Ringe
   geschnitten

2 EL Limettensaft

Salz und Pfeffer

Nudeln oder Reis, zum Servieren

1 Das Fleisch mit einem scharfen
   Messer quer zur Faser in lange,
schmale Streifen schneiden.

2 Das Öl in einem Wok stark
   erhitzen. Den Knoblauch darin
1 Minute pfannenrühren.

3 Das Fleisch zugeben und 2–3 Minuten hellbraun anbraten. Zitronengras und Ingwer zugeben und den Wok vom Herd nehmen.

4 Das Fleisch aus dem Wok nehmen oder an die Seite schieben. Paprika und Zwiebel bei starker Hitze 2–3 Minuten bräunen.

5 Das Fleisch wieder in den Wok geben, den Limettensaft einrühren und mit Salz und Pfeffer abschmecken. Zu Nudeln oder Reis servieren.

Rindfleisch mit Knoblauch & Sojasauce

Für 4 Personen

2 EL Sesamsaat

450 g Rinderfilet

2 EL Öl

1 grüne Paprika, entkernt und in
dünne Streifen geschnitten

4 Knoblauchzehen, zerdrückt

2 EL Reiswein

4 EL Sojasauce

6 Frühlingszwiebeln, in Ringen

Nudeln, als Beilage

TIPP

Sie können die Sesamsaat auch
auf einem Backblech gleichmäßig
verteilen und zum Rösten unter
den vorgeheizten Backofengrill
geben.

1 Einen großen Wok sehr stark
erhitzen.

2 Die Sesamsaat in den trockenen
Wok geben und 1–2 Minuten
unter Rühren rösten. Dann aus dem
Wok nehmen und beiseite stellen.

3 Das Rindfleisch in schmale
Streifen schneiden.

4 Das Öl im Wok erhitzen. Die
Fleischstücke hineingeben und
2–3 Minuten unter Rühren anbraten.

5 Paprika und Knoblauch in den
Wok geben und 2 Minuten
weiterrühren.

6 Reiswein und Sojasauce zufügen,
dann die Frühlingszwiebeln
zugeben und alles ca. 1 Minute unter
Rühren aufkochen.

7 Auf vorgewärmte Schalen vertei-
len und mit dem gerösteten
Sesam bestreuen. Heiß mit gekochten
Nudeln servieren.

Rindfleisch mit Bohnensprossen

Für 4 Personen

1 Bund Frühlingszwiebeln

2 EL Sonnenblumenöl

1 Knoblauchzehe, zerdrückt

1 TL frisch gehackte Ingwerwurzel

500 g mageres Rindfleisch, in
 Streifen geschnitten

1 große rote Paprika, entkernt und
 in Streifen geschnitten

1 frische kleine rote Chili, entkernt
 und gehackt

350 g frische Bohnensprossen

1 kleiner Stängel Zitronengras, fein
 gehackt

1 EL Sojasauce

2 EL Erdnussbutter

4 EL Kokosmilch

1 EL Reisessig

1 TL Palmzucker

250 g chinesische Eiernudeln

Salz und Pfeffer

pfannenrühren. Das Fleisch zugeben und 4–5 Minuten gleichmäßig braun anbraten.

2 Paprika zugeben und 3–4 Minuten mitbraten. Chili und Bohnensprossen zufügen und weitere 2 Minuten mitbraten. Zitronengras, Sojasauce, Erdnussbutter, Kokosmilch, Essig und Zucker verrühren und die Mischung in den Wok geben.

3 Unterdessen die Eiernudeln in kochendem, leicht gesalzenem Wasser gemäß Packungsanweisung garen. Gut abtropfen lassen, dann in den Wok geben und alles vermischen.

4 Mit Salz und Pfeffer abschmecken. Mit den restlichen Frühlingszwiebeln garnieren und servieren.

1 Die Frühlingszwiebeln putzen und in Ringe schneiden, einige zum Garnieren beiseite legen. Das Öl in einem Wok oder einer Pfanne stark erhitzen. Frühlingszwiebeln, Knoblauch und Ingwer zugeben und 2–3 Minuten

Rindfleisch mit Perlzwiebeln

Für 4 Personen

450 g Rinderfilet

2 EL Sojasauce

1 TL Chiliöl

1 EL Tamarindenpaste

2 EL Palmzucker oder brauner
Zucker

2 Knoblauchzehen, zerdrückt

2 EL Sonnenblumenöl

220 g Perlzwiebeln oder Schalotten

2 EL frisch gehackter Koriander

1 Das Fleisch in dünne Streifen schneiden.

2 Die Fleischstreifen in eine große, flache Schüssel legen.

3 Sojasauce, Chiliöl, Tamarindenpaste, Zucker und Knoblauch in einer zweiten Schüssel verrühren.

4 Die Zuckermischung über das Fleisch geben und gut damit überziehen. Die Schüssel abdecken und das Fleisch mindestens 1 Stunde marinieren.

5 Das Sonnenblumenöl in einem vorgewärmten Wok erhitzen.

6 Die Zwiebeln schälen und halbieren. Dann in den Wok geben und unter Rühren 2–3 Minuten anbräunen.

7 Das Fleisch mit der Marinade in den Wok geben und alles weitere 5 Minuten bei starker Hitze pfannenrühren.

8 Mit dem Koriander bestreuen und sofort servieren.

Rindfleisch mit Cashewkernen

Für 4 Personen

500 g mageres Rindfleisch, in
   Streifen geschnitten

1 TL Öl

1 TL Sesamöl

4 EL ungesalzene Cashewkerne

1 Frühlingszwiebel, schräg in dicke
   Ringe geschnitten

Gurkenscheiben, zum Garnieren

MARINADE

1 EL Sesamsaat

1 Knoblauchzehe, gehackt

1 EL frisch gehackte Ingwerwurzel

1 frische kleine rote Chili, gehackt

2 EL dunkle Sojasauce

1 TL rote Currypaste

1 TL Sesamöl

1 Das Fleisch in eine große Schüssel aus Glas oder Porzellan legen.

2 Für die Marinade die Sesamsaat ohne Fett in einer gusseisernen Pfanne bei mittlerer Hitze 2–3 Minuten goldbraun rösten, dabei die Pfanne gelegentlich rütteln.

3 Sesam mit Knoblauch, Ingwer und Chili im Mörser zu einer glatten Paste zerstoßen. Sojasauce und Currypaste zugeben und gut verrühren.

4 Die Marinade über das Fleisch geben und gut unterheben. Mit Frischhaltefolie abdecken und im Kühlschrank 2–3 Stunden – oder über Nacht – marinieren.

5 Eine gusseiserne Pfanne mit Öl einpinseln und stark erhitzen. Die Fleischstreifen hineingeben und unter häufigem Wenden rundum anbraten. Vom Herd nehmen und auf eine vorgewärmte Servierplatte geben.

6 Das Sesamöl in einer kleinen Pfanne erhitzen und die Cashewkerne goldbraun anbraten. Frühlingszwiebel zugeben und 30 Sekunden mitbraten. Über das Rindfleisch geben, mit Gurkenscheiben garnieren und sofort servieren.

Fleischbällchen mit Minzesauce

Für 4 Personen

500 g Schweinehack

40 g frische, weiße Semmelbrösel

$^{1}/_{2}$ TL Piment

1 Knoblauchzehe, zerdrückt

2 EL frisch gehackte Minze

1 Ei, verquirlt

2 EL Sonnenblumenöl

1 rote Paprikaschote, entkernt und

    in feinen Streifen

250 ml Hühnerbrühe

4 eingelegte Walnüsse, in Streifchen

Salz und Pfeffer

frische Minze, zum Garnieren

gekochter Reis oder gekochte

    Nudeln, als Beilage

1 Hackfleisch, Semmelbrösel, Piment, Knoblauch und die Hälfte der gehackten Minze in einer Schüssel vermengen. Mit Salz und Pfeffer abschmecken und das Ei unterkneten.

2 Aus der Fleischmasse mit angefeuchteten Händen 20 walnussgroße Bällchen formen.

3 Öl im vorgeheizten Wok stark erhitzen. Fleischbällchen unter ständigem Wenden in ca. 4–5 Minuten rundum braun anbraten.

4 Fleischbällchen mit einem Schaumlöffel aus dem Wok nehmen und auf Küchenpapier gut abtropfen lassen.

5 Das Öl bis auf 1 Esslöffel aus dem Wok abgießen. Paprikastreifen darin unter Rühren in 2–3 Minuten weich dünsten, aber nicht bräunen.

6 Hühnerbrühe zugießen und alles aufkochen. Mit Salz und Pfeffer abschmecken. Dann Fleischbällchen zurück in den Wok geben und gut mit der Sauce vermengen. 7–10 Minuten köcheln, gelegentlich wenden.

7 Restliche gehackte Minze und eingelegte Walnüsse zugeben, noch 2–3 Minuten köcheln. Fleischbällchen dabei regelmäßig wenden.

8 Herzhaft abschmecken, mit Minze garnieren und mit Reis oder chinesischen Nudeln servieren.

Schweinefleisch süß-sauer

Für 4 Personen

450 g Schweinefilet

2 EL Sonnenblumenöl

220 g Zucchini

1 rote Zwiebel, in schmalen Spalten

2 Knoblauchzehen, zerdrückt

225 g Karotten, in dünne Stifte
   geschnitten

1 rote Paprika, entkernt und in
   Streifen geschnitten

100 g Babymaiskolben

100 g kleine Champignons, halbiert

100 g Bohnensprossen

175 g frische Ananas, gewürfelt

150 ml Ananassaft

1 EL Speisestärke

2 EL Sojasauce

3 EL Tomatenketchup

1 EL Reisessig

1 EL Honig

TIPP

Um eine knusprige Kruste zu
erhalten, das Fleisch vor dem
Braten etwa 30 Minuten in einer
Mischung aus Speisestärke und
Eiweiß einlegen.

1 Das Schweinefilet mit einem
scharfen Messer in gleichmäßig
dünne Scheiben schneiden.

2 Das Öl in einem vorgewärmten
großen Wok erhitzen. Das Fleisch
in den Wok geben und 10 Minuten
scharf anbraten, bis es gar ist und sich
am Rand eine Kruste bildet.

3 In der Zwischenzeit die Zucchini in
dünne Stifte schneiden.

4 Zucchini, Zwiebel, Knoblauch,
Karotten, Paprika, Mais und
Champignons in den Wok geben und
alles 5 Minuten unter Rühren anbraten.

5 Bohnensprossen und Ananas-
würfel zufügen und 2 Minuten
mitgaren.

6 Ananassaft, Speisestärke, Sojasauce, Ketchup, Reisessig und
Honig zu einer süß-sauren Sauce
verrühren.

7 Die Sauce in den Wok gießen, die
Hitze erhöhen und so lange
rühren, bis die Sauce eindickt. In
Schalen anrichten und heiß servieren.

Schweinefilet in Satay-Sauce

Für 4 Personen

150 g Karotten

2 EL Sonnenblumenöl

350 g Schweinefilet, in Streifen
geschnitten

1 Zwiebel, in Ringen

2 Knoblauchzehen, zerdrückt

1 gelbe Paprika, entkernt und in
Streifen geschnitten

150 g Zuckererbsen

75 g grüner Spargel

gehackte Erdnüsse, zum Garnieren

SATAY-SAUCE

6 EL grobe Erdnussbutter

6 EL Kokosmilch.

1 TL Chiliflocken

1 Knoblauchzehe, zerdrückt

1 TL Tomatenmark

1 Die Karotten mit einem scharfen
Messer in dünne Stifte schneiden.

2 Das Öl in einem großen Wok
erhitzen. Schweinefleisch, Zwiebel
und Knoblauch zufügen und 5 Minuten
scharf anbraten, bis das Fleisch gar ist.

3 Karotten, Paprika, Zuckererbsen
und Spargel zufügen und alles
5 Minuten pfannenrühren.

4 Für die Satay-Sauce Erdnussbutter,
Kokosmilch, Chiliflocken, Knoblauch und Tomatenmark in einer
kleinen Pfanne mischen und langsam
erhitzen.

5 Das fertige Gericht auf vorgewärmte Schalen verteilen. Satay-
Sauce darüber gießen und mit Erdnüssen bestreuen. Sofort servieren.

Gemüsepfanne mit Schweinefleisch

Für 4 Personen

3 EL Sesamöl

350 g Schweinefilet, in schmale
  Streifen geschnitten

Salz und Pfeffer

500 g Taglioni

1 EL Olivenöl

8 Schalotten, in Ringe geschnitten

2 Knoblauchzehen, fein gehackt

2,5-cm-Stück Ingwerwurzel,
  gerieben

1 frische grüne Chili, fein gehackt

je 1 rote und grüne Paprika,
  entkernt und in dünne Streifen
  geschnitten

3 Zucchini, in dünnen Scheiben

2 EL gemahlene Mandeln

1 TL gemahlener Zimt

1 EL Austernsauce

60 g Kokoscreme, geraspelt

1 Das Sesamöl in einem vorgeheizten Wok erhitzen. Fleisch zugeben, mit Salz und Pfeffer würzen und
unter Rühren anbraten.

2 Die Nudeln in Wasser und Olivenöl bissfest garen. Abgießen,
beiseite stellen und warm halten.

3 Schalotten, Knoblauch, Ingwer
und Chili in den Wok geben und
3 Minuten unter Rühren braten. Dann
Paprika und Zucchini zugeben und alles
eine weitere Minute braten.

4 Mandeln, Zimt, Austernsauce und
Kokoscreme zugeben und eine
Minute köcheln.

5 Die Nudeln in eine Schüssel
geben. Fleisch und Gemüse
darauf anrichten und sofort servieren.

Knuspriges Schweinefleisch mit Reis & Ei

Für 4 Personen

275 g weißer Langkornreis

600 ml kaltes Wasser

350 g Schweinefilet

2 TL Fünf-Gewürze-Pulver

4 EL Speisestärke

3 große Eier

25 g brauner Zucker

2 EL Sonnenblumenöl

1 Zwiebel

2 Knoblauchzehen, zerdrückt

100 g Karotten, gewürfelt

1 rote Paprika, entkernt und
   gewürfelt

100 g Erbsen

2 EL Butter

Salz und Pfeffer

1 Den Reis waschen und in einen großen Topf mit dem Wasser und etwas Salz geben. Abgedeckt bei sehr geringer Hitze ca. 10 Minuten köcheln, bis der Reis die Flüssigkeit aufgesogen hat und gar ist.

2 In der Zwischenzeit das Schweinefilet mit einem scharfen Messer in schmale Streifen schneiden. Zunächst beiseite stellen.

3 Fünf-Gewürze-Pulver, Speisestärke, 1 Ei und Zucker vermengen. Die Fleischstreifen gleichmäßig darin wenden.

4 Das Öl in einem großen Wok erhitzen. Die Fleischstücke darin bei starker Hitze knusprig braten. Wenn sie gar sind, herausnehmen und beiseite stellen.

5 Die Zwiebel mit einem scharfen Messer schälen und in Würfel schneiden.

6 Zwiebel, Knoblauch, Karotten, Paprika und Erbsen in den Wok geben und 5 Minuten pfannenrühren.

7 Das Fleisch zurück in den Wok geben, den Reis zufügen und 5 Minuten mitgaren.

8 Die Butter in einer Pfanne erhitzen. 2 Eier verquirlen, würzen, in die Pfanne geben und stocken lassen. Das Omelett in Streifen schneiden und mit der Reis-Fleisch-Mischung vermengen. Heiß servieren.

Schweinefleisch mit Rettich

Für 4 Personen

4 EL Öl

450 g Schweinefilet

1 Aubergine

220 g Daikon (ersatzweise Rettich)

2 Knoblauchzehen, zerdrückt

3 EL Sojasauce

2 EL süße Chilisauce

TIPP

Daikon ist ein weißer Rettich, der vor allem in der japanischen Küche verwendet wird. Er ist auch als „chinesischer Rettich" bekannt. Daikon ist milder und süßlicher als unser weißer Rettich.

1 2 Esslöffel Öl in einem vorgewärmten großen Wok erhitzen.

2 Das Schweinefleisch in dünne Scheiben schneiden.

3 Die Fleischscheiben in den Wok geben und ca. 5 Minuten pfannenrühren.

4 Die Aubergine in Würfel schneiden. Den Daikon schälen und in Scheiben schneiden.

5 Das restliche Öl in den Wok geben.

6 Die Auberginenwürfel in den Wok geben, Knoblauch zufügen und 5 Minuten pfannenrühren.

7 Den Daikon in den Wok geben und alles unter Rühren weitere 2 Minuten anbraten.

8 Sojasauce und Chilisauce in die Mischung einrühren.

9 Das Gericht in vorgewärmte Schalen füllen und sofort servieren.

Schweinefleisch mit Paprika

Für 4 Personen

15 g getrocknete chinesische Pilze

450 g Schweinefilet

2 EL Öl

je 1 rote, grüne und gelbe Paprika,
   entkernt und gewürfelt

1 Zwiebel, in Ringen

4 EL Austernsauce

VARIATION

Getrocknete chinesische Pilze
durch beliebige andere Pilze mit
offenem Hut ersetzen.

---

1 Die Pilze in eine große Schüssel geben. Mit kochendem Wasser bedecken und 20 Minuten darin einweichen.

2 Das Schweinefilet mit einem scharfen Messer von überschüssigem Fett befreien und in schmale Streifen schneiden.

3 Das Wasser in einem großen Topf zum Kochen bringen. Das Fleisch darin 5 Minuten garen.

4 Dann die Fleischstücke herausnehmen und abtropfen lassen.

5 Das Öl in einem vorgewärmten Wok erhitzen und das Fleisch darin unter Rühren ca. 5 Minuten anbraten.

6 Das Pilzwasser abgießen, Pilze abtropfen lassen und grob hacken.

7 Pilze, Paprikaschoten und Zwiebel in den Wok geben und alles 5 Minuten pfannenrühren.

8 Die Austernsauce einrühren und alles noch einmal 2–3 Minuten erhitzen. Das Gericht in Schalen füllen und heiß servieren.

Pikante Schweinehackbällchen

Für 4 Personen

450 g Schweinehack

2 Schalotten, fein gehackt

2 Knoblauchzehen, zerdrückt

1 TL Kreuzkümmelsamen

1/2 TL Chilipulver

4 EL Semmelbrösel

1 Ei, verquirlt

2 EL Sonnenblumenöl

400 g Tomaten, gehäutet und
   gehackt

1 TL Chilipulver

2 EL Sojasauce

200 g Wasserkastanien aus der
   Dose, abgetropft

3 EL frisch gehackter Koriander

TIPP

Für dieses Gericht können statt
frischer Tomaten auch Tomaten
aus der Dose verwendet
werden.

1 Das Hackfleisch in eine große Schüssel geben. Schalotten, Knoblauch, Kreuzkümmelsamen, Chilipulver, Semmelbrösel und Ei zugeben und alles gut vermengen.

2 Aus dem Teig mit den Händen kleine Bällchen formen.

3 Das Sonnenblumenöl in einem vorgewärmten großen Wok erhitzen. Fleischbällchen portionsweise bei starker Hitze ca. 5 Minuten von allen Seiten anbraten.

4 Tomaten, Chilipulver, Sojasauce und Wasserkastanien in den Wok geben und alles aufkochen. Die Fleischbällchen zugeben, Hitze reduzieren und 15 Minuten köcheln.

5 Mit Koriander bestreuen und heiß servieren.

Schweinefleisch mit Pflaumen

Für 4 Personen

450 g Schweinefilet

1 EL Speisestärke

2 EL helle Sojasauce

2 EL chinesischer Reiswein

4 TL brauner Zucker

1 Prise gemahlener Zimt

5 TL Öl

2 Knoblauchzehen, zerdrückt

2 Frühlingszwiebeln, in Ringen

4 EL Pflaumensauce

1 EL Hoisin-Sauce

150 ml Wasser

1 Spritzer Chilisauce

gebratene Pflaumenviertel und

    Frühlingszwiebeln, zum

    Garnieren

1 Das Schweinefilet in Scheiben schneiden.

2 Für die Marinade Speisestärke, Sojasauce, Reiswein, Zucker und Zimt vermischen.

3 Das Schweinefleisch in eine flache Schale geben. Die Marinade darüber verteilen. Abgedeckt mindestens 30 Minuten marinieren.

4 Das Fleisch aus der Schale nehmen und die Marinade aufbewahren.

5 Das Öl im vorgewärmten Wok erhitzen. Das Fleisch darin 3–4 Minuten anbraten, bis es leicht gebräunt ist.

6 Knoblauch, Frühlingszwiebeln, Pflaumensauce, Hoisin-Sauce, Wasser und Chilisauce unterrühren. Aufkochen und bei schwacher Hitze 8–10 Minuten köcheln, bis das Fleisch zart und gar ist.

7 Die zurückbehaltene Marinade zugeben und 5 Minuten unter Rühren kochen.

8 Alles auf einer vorgewärmten Platte anrichten, mit gebratenen Pflaumenvierteln und Frühlingszwiebeln garnieren. Sofort servieren.

Knoblauchlamm mit Sojasauce

Für 4 Personen

450 g Lammfilet

2 Knoblauchzehen

2 EL Erdnussöl

3 EL Reiswein oder trockener Sherry

3 EL dunkle Sojasauce

1 TL Speisestärke

2 EL kaltes Wasser

2 EL Butter

1 Das Lammfleisch mit mehreren kleinen Einschnitten versehen.

2 Die Knoblauchzehen schälen und mit einem scharfen Messer in Scheiben schneiden.

3 Die Knoblauchscheiben in die Fleischschlitze stecken. Das mit Knoblauch gespickte Lamm in eine flache Schüssel legen.

4 Jeweils 1 Esslöffel Öl, Reiswein und Sojasauce über das Fleisch geben, abdecken und über Nacht, mindestens aber 1 Stunde, marinieren.

5 Das marinierte Fleisch dünn aufschneiden.

6 Das restliche Öl in einem vorgewärmten Wok erhitzen. Die Fleischscheiben hineingeben und 5 Minuten pfannenrühren.

7 Die Marinade zugießen, ebenso den restlichen Reiswein und die Sojasauce. 5 Minuten kochen.

8 Die Speisestärke mit dem Wasser verrühren. Die Mischung in den Wok geben und alles unter ständigem Rühren kochen, bis die Sauce eindickt.

9 Die Butter in kleine Stücke schneiden und unter das Fleisch rühren. Das fertige Gericht auf Teller verteilen und sofort servieren.

Lamm nach Thai-Art

Für 4 Personen

2 frische rote Chillies

2 EL Erdnussöl

2 Knoblauchzehen, zerdrückt

4 Schalotten, gehackt

2 Stängel Zitronengras, gehackt

6 Kaffir-Limetten-Blätter

1 EL Tamarindenpaste.

25 g Palmzucker

450 g mageres Lammfleisch

600 ml Kokosmilch

175 g Kirschtomaten, halbiert

1 EL frisch gehackter Koriander

Duftreis, als Beilage

TIPP

Um frischen Koriander aufzubewahren, spülen Sie ihn mit kaltem Wasser ab und geben ihn feucht in einen Gefrierbeutel. Verschließen Sie den Gefrierbeutel sorgfältig, und legen Sie ihn in das Gemüsefach Ihres Kühlschranks.

1 Die Chillies mit einem scharfen Messer entkernen und fein hacken.

2 Das Erdnussöl in einem vorgewärmten großen Wok erhitzen.

3 Knoblauch, Schalotten, Zitronengras, Kaffir-Limetten-Blätter, Tamarindenpaste, Zucker und Chillies in den Wok geben; 2 Minuten pfannenrühren.

4 Das Lammfleisch mit einem scharfen Messer in schmale Streifen oder Würfel schneiden. Das Fleisch ca. 5 Minuten im Wok anbraten. Dabei häufig wenden, um die Fleischstücke gleichmäßig mit den Gewürzen zu überziehen. Die Kokosmilch in den Wok gießen und aufkochen. Dann die Hitze reduzieren und alles ca. 20 Minuten köcheln.

5 Kirschtomaten und Koriander zufügen, 5 Minuten mitköcheln. Auf Teller verteilen und sehr heiß servieren. Dazu Duftreis reichen.

Lammfleisch in Bohnensauce mit Paprika

Für 4 Personen

450 g mageres Lammfleisch

1 Eiweiß, leicht verquirlt

4 EL Speisestärke

1 TL Fünf-Gewürze-Pulver

3 EL Sonnenblumenöl

1 rote Zwiebel

1 rote Paprika, entkernt und in
  Streifen geschnitten

1 grüne Paprika, entkernt und in
  Streifen geschnitten

1 gelbe Paprika, entkernt und in
  Streifen geschnitten

5 EL schwarze Bohnensauce

Reis oder Nudeln, als Beilage

1 Das Lammfleisch mit einem scharfen Messer in sehr schmale Streifen schneiden.

2 Eiweiß, Speisestärke und Fünf-Gewürze-Pulver in einer großen Schüssel vermengen. Die Fleischstreifen gleichmäßig in der Mischung wenden.

3 Das Öl in einem vorgewärmten Wok erhitzen. Das Lammfleisch zufügen und bei starker Hitze 5 Minuten leicht bräunen.

4 Die Zwiebel mit einem scharfen Messer in Ringe schneiden und mit den Paprikastreifen in den Wok geben. Alles 5–6 Minuten garen; das Gemüse soll noch bissfest sein.

5 Die Bohnensauce in die Gemüse-Fleisch-Mischung einrühren.

6 Lammfleisch und Sauce auf vorgewärmten Tellern anrichten und mit Reis oder Nudeln servieren.

Lammfleisch mit Austernsauce

Für 4 Personen

450 g Lammkoteletts

1 TL Szechuan-Pfefferkörner

1 EL Erdnussöl

2 Knoblauchzehen, zerdrückt

8 Frühlingszwiebeln, in Ringen

2 EL dunkle Sojasauce

6 EL Austernsauce

175 g Chinakohl, in Streifen

Krupuk, als Beilage

TIPP

Für die Austernsauce werden Austern in Salzwasser und Sojasauce gegart. Die Sauce wird in Flaschen abgefüllt und ist im Kühlschrank monatelang haltbar.

1 Das Lammfleisch mit einem scharfen Messer von Knochen und überschüssigem Fett befreien und in schmale Streifen schneiden.

2 Den Szechuan-Pfeffer zerstoßen, über das Fleisch verteilen und gut unterheben.

3 Das Öl in einem vorgewärmten Wok erhitzen.

4 Das Lammfleisch darin 5 Minuten unter ständigem Rühren scharf anbraten.

5 Knoblauch, Frühlingszwiebeln und Sojasauce mischen, in den Wok geben und 2 Minuten mitbraten.

6 Austernsauce und Chinakohl zufügen und weitere 2 Minuten garen, bis die Blätter zusammenfallen und die Flüssigkeit aufkocht.

7 Das fertige Gericht auf vorgewärmte Schalen verteilen und heiß mit Krupuk servieren.

Lamm mit Satay-Sauce

Für 4 Personen

450 g mageres Lammfleisch

1 EL milde Currypaste

150 ml Kokosmilch

2 Knoblauchzehen, zerdrückt

¹/₂ TL Chilipulver

¹/₂ TL gemahlener Kreuzkümmel

SATAY-SAUCE

1 EL Maiskeimöl

1 Zwiebel, gehackt

6 EL grobe Erdnussbutter

1 TL Tomatenmark

1 TL frischer Limettensaft

100 ml kaltes Wasser

TIPP

Die Holzspieße vor dem Grillen
30 Minuten in kaltes Wasser
legen, damit sie nicht
anbrennen.

1 Das Lammfleisch in Streifen schneiden und in eine Schüssel geben.

2 Currypaste, Kokosmilch, Knoblauch, Chilipulver und Kreuzkümmel vermischen. Diese Mischung unter das Fleisch heben und abgedeckt 30 Minuten marinieren.

3 Das Öl in einem Wok erhitzen. Die Zwiebel darin 5 Minuten scharf anbraten, dann die Hitze reduzieren und weitere 5 Minuten garen.

4 Erdnussbutter, Tomatenmark, Limettensaft und Wasser in den Wok geben und alles gut verrühren.

5 Die Lammfleischstreifen auf Holzspieße stecken. Die Marinade aufbewahren.

6 Die Fleischspieße im Backofen 6–8 Minuten grillen, dabei einmal wenden.

7 Die zurückbehaltene Marinade zu den übrigen Zutaten in den Wok geben, aufkochen und 5 Minuten köcheln. Diese Sauce zu den Lammspießen reichen.

Lammpfanne mit Orangen

Für 4 Personen

450 g Lammhack

2 Knoblauchzehen, zerdrückt

1 TL gemahlener Koriander

1 TL Kreuzkümmelsamen

1 rote Zwiebel, in Ringen

feine Zesten und Saft von 1 Orange

2 EL helle Sojasauce

1 Orange, geschält und in Spalten
  zerteilt

Salz und Pfeffer

Schnittlauchröllchen, zum Garnieren

1 Einen großen Wok ohne Fett
erhitzen.

2 Das Lammhack in den Wok geben
und 5 Minuten gleichmäßig bräunen. Das austretende Fett abgießen.

3 Knoblauch, Koriander, Kreuzkümmelsamen und Zwiebel zufügen
und 5 Minuten mitgaren.

4 Orangenzesten und -saft sowie
Sojasauce zugeben. Den Wok
abdecken, Hitze reduzieren und unter
gelegentlichem Rühren 15 Minuten
köcheln.

5 Den Deckel abnehmen und die
Hitze erhöhen. Die Orangenspalten zufügen.

6 Alles mit Salz und Pfeffer
abschmecken.

7 Das fertige Gericht auf vorgewärmte Teller verteilen und mit
Schnittlauchröllchen garnieren. Sofort
servieren.

Lammleber mit Paprika & Reiswein

Für 4 Personen

450 g Lammleber

2 EL Speisestärke

2 EL Erdnussöl

1 Zwiebel, in Ringen

2 Knoblauchzehen, zerdrückt

2 grüne Paprika, entkernt, in Streifen

2 EL Tomatenmark

3 EL Reiswein

1 EL Speisestärke

2 EL Sojasauce

1 Mit einem scharfen Messer die Fettstreifen von der Leber entfernen. Die Leber in schmale Streifen schneiden.

2 Die Speisestärke in eine große Schüssel geben.

3 Die Leberstreifen in der Speisestärke gleichmäßig wenden.

4 Das Erdnussöl in einem vorgewärmten großen Wok erhitzen.

5 Lammleber, Zwiebeln, Knoblauch und Paprika in den Wok geben. 6–7 Minuten pfannenrühren, bis die Leber gar und das Gemüse noch bissfest ist.

6 Tomatenmark, Reiswein, Speisestärke und Sojasauce verrühren. Die Mischung mit den Zutaten im Wok vermengen und 2 Minuten mitgaren, bis die Flüssigkeit eindickt. Das fertige Gericht auf vorgewärmte Schalen verteilen und sofort servieren.

111

Wildpfanne süß-sauer

Für 4 Personen

1 Bund Frühlingszwiebeln

1 rote Paprika

100 g Zuckererbsen

100 g Babymaiskolben

350 g mageres Wildfleisch (z. B. Reh)

1 EL Öl

1 Knoblauchzehe, zerdrückt

2,5-cm-Stück Ingwerwurzel, fein
  gehackt

3 EL helle Sojasauce

2 EL Reiswein

1 EL Weißweinessig

2 TL Honig

200 g Ananas aus der Dose,
  abgetropft

50 g Bohnensprossen

Reis, als Beilage

zusätzliche Sojasauce, zum Servieren

1 Die Frühlingszwiebeln putzen und in 2,5 cm lange Stücke schneiden. Die Paprika halbieren, entkernen und in 2,5 cm große Stücke schneiden. Zuckererbsen und Babymaiskolben putzen.

2 Das Fleisch in dünne Streifen schneiden. Öl in einer großen Pfanne oder einem Wok erhitzen. Fleisch, Knoblauch und Ingwer unter Rühren 5 Minuten anbraten.

3 Frühlingszwiebeln, Paprika, Zuckererbsen und Mais zugeben. Dann Sojasauce, Sherry, Essig und Honig zugießen. Alles unter Rühren bei starker Hitze weitere 5 Minuten braten.

4 Ananas und Bohnensprossen vorsichtig unterrühren und weitere 2 Minuten braten, bis alles durch und durch warm ist. Mit frisch gekochtem Reis und etwas Sojasauce servieren.

VARIATION

Für ein schnelles, gesundes Eintopfgericht 250 g Eiernudeln 3–4 Minuten kochen. Abgießen und mit den Ananasstücken in Schritt 4 in die Pfanne geben. Gut verrühren. Damit das Gericht nicht zu trocken wird, zusätzlich 2 Esslöffel Sojasauce zugeben.

Fisch & Meeresfrüchte

In den meisten fernöstlichen Ländern spielen Fisch und Meeresfrüchte bei der Ernährung eine wichtige Rolle, da sie dort reichlich vorhanden sind. Fisch und Meeresfrüchte sind äußerst gesunde Nahrungsmittel, die sich auf viele verschiedene Arten zubereiten lassen – im Wok mit köstlichen Gewürzen und Saucen gedämpft, frittiert, gebraten und sogar roh.

Bei Japan denkt man an Sushi – raffinierte Häppchen aus rohem Fisch – doch stammen von dort noch eine Fülle anderer Fischgerichte. Fisch und Meeresfrüchte gehören in Japan zu jeder Mahlzeit und werden häufig gebraten serviert.

Bei Fischgerichten ist die Frische der Ware für Qualität und Geschmack entscheidend. Daher sollten Sie grundsätzlich nur tagesfrischen Fisch mit glänzenden Augen und roten Kiemen kaufen und ihn nach Möglichkeit noch am gleichen Tag zubereiten.

Thunfisch mit Gemüse

Für 4 Personen

220 g Karotten

1 Zwiebel, in Ringen

2 EL Maiskeimöl

175 g Zuckererbsen

175 g Babymaiskolben, halbiert

450 g Thunfischsteaks

2 EL Fischsauce

1 EL Palmzucker

feine Zesten und Saft von 1 Orange

2 EL Reiswein

1 TL Speisestärke

Reis oder Nudeln, als Beilage

VARIATION

Statt Thunfischsteaks können auch Schwertfischsteaks verwendet werden. Ihre Konsistenz ist der von Thunfisch vergleichbar.

---

1 Die Karotten in dünne Stifte und die Zwiebeln in Ringe schneiden.

2 Das Maiskeimöl in einem vorgewärmten großen Wok erhitzen.

3 Karotten, Zwiebel, Zuckererbsen und Mais in den Wok geben und 5 Minuten pfannenrühren.

4 Den Thunfisch mit einem scharfen Messer in dünne Scheiben schneiden.

5 Die Thunfischscheiben in den Wok geben und 2–3 Minuten anbraten, bis das Fleisch fest ist.

6 Fischsauce, Palmzucker, Orangenzesten und -saft, Reiswein und Speisestärke verrühren.

7 Die Mischung über Fisch und Gemüse geben und kochen, bis die Sauce eindickt. Mit Reis oder Nudeln servieren.

Seeteufel mit Ingwer

Für 4 Personen

450 g Seeteufel

1 EL frisch geriebene Ingwerwurzel

2 EL süße Chilisauce

1 EL Maiskeimöl

100 g grüner Spargel

3 Frühlingszwiebeln, in Ringen

1 TL Sesamöl

1 Die graue Haut des Seeteufels entfernen. Mit einem scharfen Messer zu beiden Seiten des Rückrats das Fleisch einschneiden und das Rückrat entfernen. Dann den Fisch in dünne Scheiben schneiden.

2 Den Ingwer mit der Chilisauce in einer kleinen Schale vermengen. Die Fischscheiben mit der Ingwer-Chili-Mischung bestreichen.

3 Das Maisöl in einem vorgewärmten großen Wok erhitzen.

4 Fisch, Spargel und Frühlingszwiebeln in den Wok geben und ca. 5 Minuten pfannenrühren.

5 Den Wok vom Herd nehmen und das Sesamöl gut mit den Zutaten im Wok verrühren.

6 Das fertige Gericht auf vorgewärmten Tellern sofort servieren.

Seeteufel mit Okra

Für 4 Personen

750 g Seeteufel, in 3 cm große
    Würfel geschnitten

250 g Okra

2 EL Öl

1 Zwiebel, in Ringen

1 Knoblauchzehe, zerdrückt

2,5-cm-Stück Ingwerwurzel, in
    Scheiben

150 ml Kokosmilch oder Fischfond

2 TL Garam Masala

MARINADE

3 EL Zitronensaft

geriebene Schale von 1 Zitrone

$^1/_4$ TL Anissamen

$^1/_2$ TL Salz

$^1/_2$ TL gemahlener schwarzer Pfeffer

GARNIERUNG

4 Limettenspalten

frische Korianderzweige

1 Für die Marinade die Zutaten in einer Schüssel vermischen. Den Fisch zufügen und 1 Stunde ziehen lassen.

2 Die Okra 4–5 Minuten in kochendem Wasser garen. Abgießen und in 1 cm dicke Scheiben schneiden.

3 Das Öl in einer Pfanne oder einem Wok erhitzen, die Zwiebeln anbraten, bis sie goldbraun sind. Knoblauch und Ingwer zufügen und 1 Minute pfannenrühren. Den Fisch mit der Marinade zufügen und 2 Minuten unter Rühren anbraten.

4 Okra, Kokosmilch und Garam Masala zugeben und 10 Minuten köcheln. Mit Limettenspalten und frischem Koriander garnieren und sofort servieren.

Kabeljau in Kokos-Basilikum-Sauce

Für 4 Personen

2 EL Öl

450 g Kabeljaufilet

4 EL Mehl

1 Knoblauchzehe, zerdrückt

2 EL rote Currypaste

1 EL Fischsauce

300 ml Kokosmilch

175 g Kirschtomaten, halbiert

20 frische Basilikumblätter

Duftreis, als Beilage

TIPP

Sobald die Tomaten in den Wok gegeben werden, darf das Gericht nur noch sanft köcheln, da sie sonst zerfallen und sich häuten.

1 Das Öl in einem vorgewärmten großen Wok erhitzen.

2 Mit einer Pinzette die Fischgräten entfernen, dann den Fisch mit einem scharfen Messer in große Würfel schneiden.

3 Das Mehl in eine Schüssel geben und die Fischwürfel darin wenden.

4 Die Fischwürfel in den Wok geben und bei starker Hitze 3–4 Minuten unter Rühren braten.

5 Knoblauch, Currypaste, Fischsauce und Kokosmilch in einer Schüssel verrühren. Die Mischung über den Fisch gießen und zum Kochen bringen.

6 Die Tomaten in den Wok geben und alles 5 Minuten köcheln.

7 Die Basilikumblätter in Streifen schneiden, in den Wok geben und behutsam unterrühren; die Fischwürfel sollen dabei nicht zerfallen.

8 Das Gericht auf Teller verteilen und heiß servieren. Dazu Duftreis als Beilage reichen.

Kabeljau mit Mango

Für 4 Personen

175 g Karotten

2 EL Öl

1 rote Zwiebel, in Ringe geschnitten

je 1 rote und 1 grüne Paprika, ent-
    kernt und in Streifen geschnitten

450 g Kabeljaufilet

1 reife Mango

1 TL Speisestärke

1 EL Sojasauce

100 ml tropischer Fruchtsaft

1 EL Limettensaft

1 EL frisch gehackter Koriander, zum
    Garnieren

1 Die Karotten mit einem scharfen
Messer in dünne Stifte schneiden.

2 Das Öl in einem Wok erhitzen.
Zwiebel, Karotten und Paprika
zugeben und 5 Minuten pfannenrühren.

3 Das Kabeljaufilet in kleine Würfel
schneiden. Die Mango schälen,
den Kern auslösen und das Fruchtfleisch in dünne Scheiben schneiden.

4 Kabeljau und Mango in den Wok
geben und 4–5 Minuten pfannenrühren, bis der Fisch gar ist. Vorsichtig
rühren, damit der Fisch nicht zerfällt.

5 Speisestärke, Sojasauce, Frucht-
und Limettensaft in einer kleinen
Schüssel verrühren. Diese Mischung in
den Wok gießen und köcheln, bis die
Flüssigkeit eindickt. Mit Koriander
bestreuen und sofort servieren.

1

3

5

Gedünstetes Fischfilet

Für 4 Personen

3–4 kleine getrocknete chinesische
  Pilze

300–350 g Fischfilet

1 TL Salz

$^1/_2$ Eiweiß, leicht verquirlt

1 TL Speisestärke

600 ml Öl

1 TL frisch geriebene Ingwerwurzel

2 Frühlingszwiebeln, in Ringen

1 Knoblauchzehe, zerdrückt

$^1/_2$ kleine grüne Paprika, entkernt
  und fein gewürfelt

$^1/_2$ kleine Karotte, in Stiften

60 g Bambussprossen, in kleinen
  Stücken

$^1/_2$ TL Zucker

1 EL helle Sojasauce

1 TL Reiswein oder trockener Sherry

1 EL Chili-Bohnen-Sauce

2–3 EL Brühe oder Wasser

einige Tropfen Sesamöl

1 Die Pilze 30 Minuten in einer Schüssel mit warmem Wasser einweichen. Gründlich abtropfen lassen, das Wasser für Brühe oder Suppe aufbewahren. Restwasser aus den Pilzen drücken, harte Teile entfernen und wegwerfen. Die Pilze in Streifen schneiden.

2 Den Fisch in Stücke schneiden und in ein flaches Gefäß legen. 1 Prise Salz, Eiweiß und Speisestärke zufügen und den Fisch gut darin wenden, sodass er rundum paniert ist.

3 Das Öl in einem vorgewärmten Wok erhitzen. Die Fischstücke zugeben und 1 Minute frittieren. Herausnehmen und auf Küchenpapier legen.

4 Das Öl bis auf 1 Esslöffel abgießen. Ingwer, Frühlingszwiebeln und Knoblauch einige Sekunden im Wok garen, dann Paprika, Karotte und Bambussprossen zufügen und ca. 1 Minute pfannenrühren.

5 Zucker, Sojasauce, Wein, Chili-Bohnen-Sauce, Brühe und das restliche Salz zufügen und alles zum Kochen bringen. Die Fischstücke zugeben, gut mit der Sauce verrühren und 1 Minute mitgaren. Das fertige Gericht mit einigen Tropfen Sesamöl beträufeln und sofort servieren.

Kokosgarnelen

Für 4 Personen

50 g Kokosraspel

25 g frische Semmelbrösel

1 TL Fünf-Gewürze-Pulver

$\frac{1}{2}$ TL Salz

Zesten von 1 Zitrone

1 Eiweiß

450 g rohe Garnelen, ausgelöst

Sonnenblumen- oder Maiskeimöl

Zitronenspalten, zum Garnieren

Sojasauce, zum Servieren

TIPP

Tiefgefrorene Garnelen sorgfältig auftauen. Am besten eignen sich für dieses Gericht jedoch rohe Garnelen. Ansonsten ungeschälte gekochte Exemplare verwenden und kurz vorher selbst schälen.

1 Kokosflocken, Semmelbrösel, Fünf-Gewürze-Pulver, Salz und Zitronenzesten in einer Schüssel vermengen.

2 Das Eiweiß in einem anderen Gefäß leicht verquirlen.

3 Die Garnelen unter fließendem kaltem Wasser abspülen und mit Küchenpapier trockentupfen.

4 Garnelen in die Eiweißmasse tauchen und in der Kokosraspel-Mischung wenden.

5 Einen vorgewärmten Wok ca. 5 cm hoch mit Sonnenblumen- oder Maiskeimöl füllen und erhitzen.

6 Die Garnelen ca. 5 Minuten unter ständigem Rühren knusprig goldbraun frittieren.

7 Dann die Garnelen mit einem Schaumlöffel herausnehmen und auf Küchenpapier abtropfen lassen.

8 Auf vorgewärmten Tellern anrichten und mit Zitronenspalten garnieren. Sofort mit Sojasauce servieren.

Krabbenomelett

Für 4 Personen

2 EL Sonnenblumenöl

4 Frühlingszwiebeln

350 g gekochte Krabben, ausgelöst

100 g Bohnensprossen

1 TL Speisestärke

1 EL helle Sojasauce

6 Eier

3 EL Wasser

1 Das Sonnenblumenöl in einem vorgewärmten großen Wok erhitzen.

2 Die Frühlingszwiebeln putzen und in Ringe schneiden.

3 Shrimps, Frühlingszwiebeln und Bohnensprossen in den Wok geben und 2 Minuten pfannenrühren.

4 Speisestärke und Sojasauce vermengen.

5 Die Eier mit dem Wasser verquirlen. Die angerührte Speisestärke unter die Eimasse heben.

6 Die Eiermischung in den Wok geben und 5–6 Minuten garen, bis sie stockt.

7 Das Omelett auf einen Teller legen und zum Servieren in 4 Teile schneiden.

Garnelen in pikanter Tomatensauce

Für 4 Personen

2 EL Maiskeimöl

1 Zwiebel

2 Knoblauchzehen, zerdrückt

1 TL Kreuzkümmelsamen

440 g Tomaten aus der Dose,
gehackt

1 EL roter Pesto

1 EL brauner Zucker

1 EL frisch gehacktes Basilikum

450 g rohe Riesengarnelen,
ausgelöst

Salz und Pfeffer

TIPP

Um den schwarzen Darm der Garnelen zu entfernen, das Fleisch entlang der Ader einschneiden und den Darm herausziehen.

1 Das Öl in einem vorgewärmten großen Wok erhitzen.

2 Die Zwiebel schälen und fein hacken.

3 Zwiebel und Knoblauch in den Wok geben und 2–3 Minuten pfannenrühren.

4 Kreuzkümmelsamen zugeben und 1 Minute mitgaren.

5 Tomaten, Pesto und Zucker in den Wok geben. Die Mischung zum Kochen bringen, dann die Hitze reduzieren und die Sauce 10 Minuten köcheln.

6 Basilikum und Garnelen in den Wok geben, salzen und pfeffern. Bei erhöhter Hitze 2–3 Minuten braten, bis die Garnelen gar sind.

Scharfe Meeresfrüchtepfanne

Für 4 Personen

200 g küchenfertiger Tintenfisch

500 g helles Fischfilet, z. B. Heilbutt

1 EL Sonnenblumenöl

4 Schalotten, fein gehackt

2 Knoblauchzehen, fein gehackt

2 EL thailändische grüne Currypaste

2 kleine Stängel Zitronengras, fein
gehackt

1 TL Krabbenpaste

500 ml Kokosmilch

200 g rohe Riesengarnelen,
ausgelöst

12 frische Venusmuscheln in der
Schale

8 frische Basilikumblätter, in Streifen

frische Basilikumblätter, zum
Garnieren

Reis, als Beilage

TIPP

Anstatt der Venusmuscheln
können Sie auch Miesmuscheln
verwenden. Diese werden in
Schritt 4 zugegeben.

1 Den Tintenfisch in Ringe und das
Fischfilet in mundgerechte Stücke
schneiden.

2 Das Öl in einem Wok oder einer
großen Pfanne erhitzen und
Schalotten, Knoblauch und Currypaste
1–2 Minuten anbraten. Zitronengras
und Krabbenpaste zugeben, die Kokosmilch einrühren und alles aufkochen.

3 Die Hitze reduzieren, bis die Flüssigkeit nur noch köchelt. Fisch,
Tintenfisch und Garnelen zugeben und
2 Minuten leicht köcheln.

4 Die Muscheln zugeben und
1 Minute mitkochen, bis sich die
Schalen öffnen. Alle geschlossenen
Muscheln wegwerfen.

5 Die Basilikumstreifen über das
Gericht streuen. Mit ganzen
Basilikumblättern garnieren und sofort
servieren. Gekochten Reis als Beilage
reichen.

Krabbengemüse mit Ei

Für 4 Personen

220 g Zucchini

3 EL Öl

2 Eier

2 EL kaltes Wasser

220 g Karotten, geraspelt

1 Zwiebel, in Ringen

150 g Bohnensprossen

220 g gekochte Krabben, ausgelöst

2 EL helle Sojasauce

1 Prise Fünf-Gewürze-Pulver

25 g Erdnüsse, gehackt

2 EL frisch gehackter Koriander

1 Die Zucchini von Hand oder mit der Küchenmaschine fein raspeln.

2 1 Esslöffel Öl in einen vorgewärmten großen Wok geben.

3 Die Eier mit dem Wasser verquirlen. Die Mischung in den Wok gießen und 2–3 Minuten pfannenrühren, bis das Ei zu stocken beginnt.

4 Das Omelett herausnehmen, auf einer sauberen Arbeitsplatte zusammenklappen und in schmale Streifen schneiden. Beiseite stellen.

5 Das restliche Öl in den Wok geben. Karotten, Zwiebel und Zucchini zufügen und 5 Minuten pfannenrühren.

6 Bohnensprossen und Shrimps zugeben und 2 Minuten unter Rühren heiß werden lassen.

7 Sojasauce, Fünf-Gewürze-Pulver und Erdnüsse in den Wok geben, die Omelettstreifen zufügen und alles erhitzen. Zum Servieren mit Koriander bestreuen.

Garnelen mit frittiertem Ingwer

Für 4 Personen

5-cm-Stück Ingwerwurzel

Sesamöl, zum Frittieren

1 Zwiebel, gehackt

225 g Karotten, gewürfelt

100 g Erbsen

100 g Bohnensprossen

450 g rohe Riesengarnelen,
    ausgelöst

1 TL Fünf-Gewürze-Pulver

1 EL Tomatenmark

1 EL Sojasauce

1 Den Ingwer mit einem scharfen Messer schälen und in sehr dünne Stifte schneiden.

2 Einen vorgewärmten Wok ca. 2,5 cm hoch mit Öl füllen und erhitzen. Den Ingwer in den Wok geben und 1 Minute frittieren. Mit einem Schaumlöffel herausnehmen und zum Abtropfen auf Küchenpapier legen. Beiseite stellen.

3 Das Öl aus dem Wok bis auf 2 Esslöffel abgießen. Zwiebel und Karotten zugeben und 5 Minuten pfannenrühren. Erbsen und Bohnensprossen zufügen und 2 Minuten pfannenrühren.

4 Die Garnelen unter fließendem kaltem Wasser abspülen und mit Küchenpapier trockentupfen.

5 Fünf-Gewürze-Pulver, Tomatenmark und Sojasauce vermengen. Die Garnelen damit bestreichen.

6 Die Garnelen zu den anderen Zutaten in den Wok geben und 2 Minuten weiterrühren, bis sie gar sind. Das fertige Gericht in eine vorgewärmte Servierschüssel füllen und mit dem frittierten Ingwer garnieren. Sofort servieren.

Krebsscheren mit Chili

Für 4 Personen

700 g Krebsscheren

1 EL Maiskeimöl

2 Knoblauchzehen, zerdrückt

1 EL frisch geriebene Ingwerwurzel

3 rote Chillies, entkernt und fein
gehackt

2 EL süße Chilisauce

3 EL Tomatenketchup

300 ml Fischfond

1 EL Speisestärke

Salz und Pfeffer

1 EL Schnittlauchröllchen, zum
Garnieren

TIPP

Statt Krebsscheren können Sie
auch einen in 8 Stücke zerteilten
Taschenkrebs verwenden.

1 Krebsscheren vorsichtig mit einem Nussknacker anbrechen, damit das Fleisch später die Aromen der Zutaten annimmt.

2 Das Maiskeimöl in einem vorgewärmten großen Wok erhitzen.

3 Die Krebsscheren in den Wok geben und 5 Minuten anbraten.

4 Knoblauch, Ingwer und Chillies in den Wok geben und 1 Minute pfannenrühren; dabei die Krebsscheren mehrmals wenden.

5 Chilisauce, Tomatenketchup, Fischfond und Speisestärke in einer kleinen Schüssel mischen.

6 Diese Mischung in den Wok geben und unter häufigem Rühren mitkochen, bis die Flüssigkeit eindickt. Dann mit Salz und Pfeffer abschmecken.

7 Die Krebsscheren mit der Chilisauce auf vorgewärmte Teller verteilen und mit reichlich Schnittlauch bestreuen. Sofort servieren.

Gebratener Meeresfrüchte-Reis

Für 4 Personen

300 g Langkornreis

175 g weißes Krebsfleisch aus der
Dose

2 EL Sonnenblumenöl

2,5-cm-Stück Ingwerwurzel,
gerieben

4 Frühlingszwiebeln, schräg in
dünne Scheiben geschnitten

125 g Zuckerschoten, in 2–3 Stücke
geschnitten

$\frac{1}{2}$ TL gemahlene Kurkuma

1 TL gemahlener Kreuzkümmel

Salz und Pfeffer

2 Gläser Muscheln à 200 g, gut
abgetropft oder 350 g tiefgefrorene Muscheln, aufgetaut

425 g Bohnensprossen aus der
Dose, gut abgetropft

2 Das Krebsfleisch in mundgerechte
Stücke zerteilen.

3 Das Öl in einem vorgewärmten
Wok erhitzen. Den Ingwer und die
Frühlingszwiebeln darin 1 Minute
anbraten. Die Zuckerschoten zugeben
und 1 weitere Minute braten. Kurkuma
und Kreuzkümmel zugeben, mit Salz
und Pfeffer würzen und alles gründlich
vermengen.

4 Das Krebsfleisch und die Muscheln
zugeben und 1 Minute braten.
Den Reis und die Bohnensprossen
untermischen und 2 Minuten pfannenrühren, bis alles heiß ist.

5 Mit Salz und Pfeffer abschmecken
und sofort heiß servieren.

1 Den Reis in kochendem Wasser
mit etwas Salz 15 Minuten
kochen. Abgießen, mit kochendem
Wasser abspülen und erneut abgießen.

Krebs-Curry

Für 4 Personen

2 EL Senföl

1 EL Ghee

1 Zwiebel, fein gehackt

5-cm-Stück Ingwerwurzel, gerieben

2 Knoblauchzehen

1 TL gemahlene Kurkuma

1 TL Salz

1 TL Chilipulver

2 frische grüne Chillies, gehackt

1 TL Paprikapulver

125 g braunes Krebsfleisch

350 g weißes Krebsfleisch

250 g Naturjoghurt

1 TL Garam Masala

Basmatireis, als Beilage

frischer Koriander, zum Garnieren

1 Das Senföl in einer großen beschichteten Pfanne, einem Wok oder einem Schmortopf erhitzen.

2 Wenn es zu rauchen beginnt, Ghee und Zwiebel zugeben. 3 Minuten bei mittlerer Hitze anbraten, bis die Zwiebel weich ist.

3 Den Ingwer und die ganzen Knoblauchzehen zugeben und unterrühren.

4 Kurkuma, Salz, Chilipulver, Chillies und Paprikapulver zugeben und gut verrühren.

5 Die Hitze erhöhen, Krebsfleisch und Joghurt zugeben. Unter gelegentlichem Rühren 10 Minuten köcheln, bis die Sauce leicht eindickt.

6 Die Hitze reduzieren und mit dem Garam Masala abschmecken.

7 Heiß zu Basmatireis servieren und mit Korianderblättern garnieren.

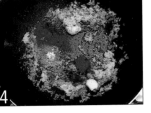

Gebratener Reis mit Krebsfleisch

Für 4 Personen

150 g Langkornreis

2 EL Erdnussöl

125 g weißes Krebsfleisch aus der
Dose, abgetropft

1 Porreestange, in Ringen

150 g Bohnensprossen

2 Eier, verquirlt

1 EL helle Sojasauce

2 TL Limettensaft

1 TL Sesamöl

Limettenscheiben, zum Garnieren

---

1 Den Reis in kochendem Wasser 15 Minuten garen. Abgießen, mit kaltem Wasser abspülen und gut abtropfen lassen.

2 In einem vorgewärmten Wok das Erdnussöl erhitzen.

3 Krebsfleisch, Porree und Bohnensprossen zugeben und unter Rühren 2–3 Minuten scharf anbraten. Mit einem Schaumlöffel herausnehmen und beiseite stellen.

5 Reis, Krebsfleisch, Porree und Sprossen unter die Eier mischen.

6 Sojasauce und Limettensaft zugeben, alles gut durchrühren und 1 Minute kochen. Mit dem Sesamöl beträufeln.

VARIATION

Statt Krebsfleisch kann für ein sehr exquisites Gericht auch gekochter Hummer verwendet werden.

4 Die Eier in den Wok geben und unter gelegentlichem Rühren 2–3 Minuten anbraten, bis sie stocken.

7 Auf einer Servierplatte anrichten, mit den Limettenscheiben garnieren und sofort servieren.

Krebs mit Ingwer

Für 4 Personen

1 großer Krebs, ca. 750 g

2 EL Reiswein oder trockener Sherry

1 Ei, leicht verquirlt

1 EL Speisestärke

3–4 EL Öl

1 EL frisch geriebene Ingwerwurzel

3–4 Frühlingszwiebeln, in Streifen

2 EL helle Sojasauce

1 TL Zucker

5 EL Fischfond oder Wasser

1/2 TL Sesamöl

Korianderblätter, zum Garnieren

3 Den Reiswein mit Ei und Stärke verrühren. Die Mischung über das Krebsfleisch geben und 10–15 Minuten marinieren.

1 Den Rumpf des Krebses an der Unterseite aufschneiden. Die Beine und Scheren abdrehen oder abbrechen, mit einem schweren Messer aufschlagen oder aufknacken.

4 Das Öl in einem vorgewärmten Wok erhitzen. Das Krebsfleisch mit dem Ingwer und den Frühlingszwiebeln 2–3 Minuten unter Rühren scharf anbraten.

2 Das Fleisch auslösen. Die Kiemen und die untere Schale sowie den Magensack entfernen. Das zarte Fleisch aus der Schale lösen. Die Schalen entfernen.

5 Sojasauce, Zucker und Fischfond unterrühren und alles aufkochen. Abdecken und 3–4 Minuten kochen. Dann mit Sesamöl beträufeln und mit Korianderblättern garniert servieren.

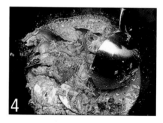

Chinakohl mit Krebs & Pilzen

Für 4 Personen

220 g Shiitake-Pilze

2 EL Öl

2 Knoblauchzehen, zerdrückt

6 Frühlingszwiebeln, in Ringen

1 Chinakohl, in Streifen geschnitten

1 EL milde Currypaste

6 EL Kokosmilch

200 g weißes Krebsfleisch aus der
Dose, abgetropft

1 TL Chiliflocken

1 Die Pilze mit einem scharfen Messer in dünne Scheiben schneiden.

2 Das Öl in einem vorgewärmten großen Wok erhitzen.

3 Pilze und Knoblauch in den Wok geben und 3 Minuten pfannenrühren, bis die Pilze gar sind.

4 Frühlingszwiebeln und Chinakohlstreifen zufügen und weiterrühren, bis der Kohl zusammenfällt.

5 Currypaste und Kokosmilch in einer kleinen Schale verrühren.

6 Die Mischung zusammen mit dem Krebsfleisch und den Chiliflocken in den Wok geben.

7 Alles gut unterheben und nochmals kurz aufkochen.

8 Das fertige Gericht auf vorgewärmte Schalen verteilen und sofort servieren.

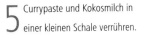

Muscheln & Spinat in Bohnensauce

Für 4 Personen

350 g Porree

350 g Grünschalen-Muscheln,
    ersatzweise große Miesmuscheln

1 TL Kreuzkümmelsamen

2 EL Öl

2 Knoblauchzehen, zerdrückt

1 rote Paprika, entkernt und in
    Streifen geschnitten

50 g Bambussprossen

175 g junger Spinat

160 g schwarze Bohnensauce

TIPP

Grünschalen-Muscheln gibt es
tiefgefroren in den meisten Asia-
Märkten und frisch in guten
Fischgeschäften zu kaufen.

1 Den Porree putzen und in Ringe
schneiden.

2 Die Muscheln vorgaren, aus der
Schale lösen und in einer Schüssel
mit dem Kreuzkümmel mischen.

3 Das Öl in einem vorgewärmten
großen Wok erhitzen.

4 Porree, Knoblauch und Paprika in
den Wok geben und 5 Minuten
pfannenrühren, bis das Gemüse gar ist.

5 Bambussprossen, Spinat und
Muscheln in den Wok geben und
2 Minuten pfannenrühren.

6 Die Bohnensauce zugeben und
gründlich mit den anderen Zutaten vermengen. Noch einige Sekunden
köcheln, dabei mehrmals umrühren.

7 Das fertige Gericht auf vorgewärmte Teller verteilen und sofort
servieren.

Jakobsmuschelpuffer

Für 4 Personen

100 g Prinzessbohnen

1 rote Chilischote

450 g Jakobsmuscheln, ausgelöst

1 Ei

3 Frühlingszwiebeln, in Ringen

50 g Reismehl

1 EL Fischsauce

Öl, zum Frittieren

süße Chilisauce, als Dip

1 Die Bohnen putzen und mit einem scharfen Messer in sehr kleine Stücke schneiden.

2 Die Chili entkernen und mit einem scharfen Messer sehr fein hacken.

3 Einen Topf mit leicht gesalzenem Wasser zum Kochen bringen. Die Bohnen hineingeben und 3–4 Minuten kochen.

4 Das Muschelfleisch (ohne Rogen) in grobe Stücke schneiden und in eine große Schüssel geben. Die gekochten Bohnen zufügen.

5 Ei, Frühlingszwiebeln, Reismehl, Fischsauce und Chili vermengen. Die Mischung zum Muschelfleisch geben und alles gut verrühren.

6 Einen vorgewärmten Wok 2,5 cm hoch mit Öl füllen. Eine Kelle des Muschelteigs in den Wok geben und 5 Minuten goldbraun braten. Die fertigen Puffer herausnehmen und zum Abtropfen auf Küchenpapier legen. Mit dem Rest der Mischung ebenso verfahren.

7 Heiß mit der süßen Chilisauce servieren.

Jakobsmuscheln in Buttersauce

Für 4 Personen

450 g Jakobsmuscheln, ausgelöst

2 EL Öl

1 grüne Chilischote

6 Frühlingszwiebeln

3 EL Sojasauce

50 g Butter, in kleinen Würfeln

TIPP

Zum Öffnen der Jakobsmuscheln mit einem scharfen Messer am Schalenrand entlangfahren, um den kräftigen Schließmuskel zu durchtrennen. Schwarzen Magensack und Darm entfernen.

1 Die Jakobsmuscheln unter fließendem Wasser säubern und mit Küchenpapier trockentupfen.

2 Jede Muschel mit einem sehr scharfen Messer horizontal durchschneiden.

3 Die Frühlingszwiebeln mit einem scharfen Messer in gleichmäßige Ringe schneiden.

4 Das Öl in einem vorgewärmten Wok bis zum Rauchen erhitzen.

5 Die Chili entkernen und in Ringe schneiden. Mit Frühlingszwiebeln und Muschelfleisch in den Wok geben und bei starker Hitze 4–5 Minuten braten, das Muschelfleisch muss gerade gar sein. Tiefgefrorene Jakobsmuscheln nicht zu heiß werden lassen, da sie sonst zäh werden.

6 Sojasauce und Butter zufügen und erhitzen, bis die Butter zerläuft.

7 Das Gericht in vorgewärmte Schalen füllen und heiß servieren.

2

3

5

Jakobsmuscheln indisch

Für 4 Personen

750 g Jakobsmuscheln, ausgelöst

2 EL Öl

2 Zwiebeln, gehackt

3 Tomaten, geviertelt

2 frische grüne Chillies, in Ringen

4 Limettenspalten, zum Garnieren

MARINADE

3 EL frisch gehackter Koriander

2,5-cm-Stück Ingwerwurzel,
   gerieben

1 TL gemahlener Koriander

3 EL Zitronensaft

geriebene Schale von 1 Zitrone

$1/4$ TL gemahlener schwarzer Pfeffer

$1/2$ TL Salz

$1/2$ TL gemahlener Kreuzkümmel

1 Knoblauchzehe, zerdrückt

TIPP

Am besten Jakobsmuscheln frisch
mit Schale und Rogen kaufen
– Sie benötigen 1,5 kg – und den
Fischhändler bitten, sie zu reinigen und die Schalen zu entfernen.

1 Für die Marinade alle Zutaten in einer Schüssel mischen.

2 Muscheln in eine Schüssel geben, die Marinade darüber gießen und die Muscheln darin wenden.

3 Abdecken und 1 Stunde oder über Nacht im Kühlschrank marinieren.

4 Das Öl in einer Pfanne oder einem Wok erhitzen, die Zwiebeln zugeben und anbraten, bis sie glasig sind.

5 Tomaten und Chillies zugeben und 1 Minute unter Rühren anbraten.

6 Die Muscheln zugeben und 6–8 Minuten pfannenrühren, bis sie außen gar, aber innen noch saftig sind.

7 Mit Limettenspalten garniert servieren.

Gebratener Tintenfisch in Bohnensauce

Für 4 Personen

750 g küchenfertiger Tintenfisch

1 große rote Paprika, entkernt

100 g Zuckererbsen

1 Pak Choi

3 EL schwarze Bohnensauce

1 EL Fischsauce

1 EL chinesischer Reiswein

1 EL dunkle Sojasauce

1 TL Palmzucker

1 TL Speisestärke

1 EL Wasser

1 EL Sonnenblumenöl

1 TL Sesamöl

1 frische kleine rote Chili, gehackt

1 Knoblauchzehe, fein gehackt

1 TL frisch geriebene Ingwerwurzel

2 Frühlingszwiebeln, gehackt

1 Die Tentakel von den Tinten-
fischen abschneiden und ander-
weitig verwenden. Die Mäntel längs
vierteln. Mit der Spitze eines scharfen
Messers die Stücke kreuzweise einritzen, aber nicht durchschneiden. Mit
Küchenpapier abtupfen.

2 Die Paprika in lange, schmale
Streifen schneiden. Die Zuckererbsen schräg halbieren. Den Pak Choi
grob hacken.

3 Bohnensauce, Fischsauce, Reiswein, Sojasauce und Zucker
mischen. Die Speisestärke mit Wasser
glatt rühren, zugeben und alles gut
vermischen.

4 Beide Ölsorten zusammen im
Wok erhitzen. Chili, Knoblauch,
Ingwer und Frühlingszwiebeln zugeben
und 1 Minute anbraten. Die Paprika
zugeben und 2 Minuten mitbraten.

5 Den Tintenfisch zugeben und bei
starker Hitze 1 Minute braten.
Zuckererbsen und Pak Choi zugeben
und 1 weitere Minute braten, bis das
Gemüse weich wird.

6 Die Sauce zugießen und unter
Rühren 2 Minuten kochen, bis sie
eindickt und klar wird. Sofort servieren.

Muscheln mit Limette & Chili

Für 4 Personen

16 große Jakobsmuscheln

1 EL Butter

1 EL Öl

1 TL zerdrückter Knoblauch

1 TL frisch geriebene Ingwerwurzel

1 Bund Frühlingszwiebeln, in feine
   Ringe geschnitten

geriebene Schale von 1 Limette

1 frische kleine rote Chili, entkernt
   und fein gehackt

3 EL Limettensaft

Salz und Pfeffer

Limettenspalten und Reis, zum
   Servieren

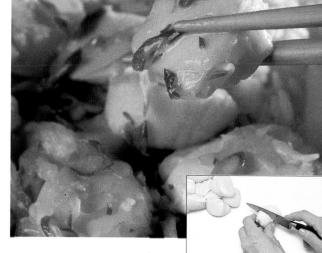

1 Die Muscheln putzen, die Innereien entfernen. Dann waschen und mit Küchenpapier abtupfen. Den Rogen vom hellen Fleisch trennen. Das weiße Fleisch jeweils waagerecht halbieren.

TIPP

Statt frischer Muscheln können Sie gefrorene verwenden, die aber vollständig aufgetaut sein müssen. Abtropfen lassen und mit Küchenpapier abtupfen.

2 Butter und Öl in einem Wok erhitzen. Knoblauch und Ingwer zugeben und 1 Minute andünsten. Frühlingszwiebeln zugeben und 1 Minute dünsten.

3 Die Muscheln zugeben und bei starker Hitze 4–5 Minuten pfannenrühren. Limettenschale, Chili und Limettensaft zugeben und 1 Minute mitkochen.

4 Muscheln mit dem heißen Kochsud übergießen, abschmecken und zu Reis und Limettenspalten servieren.

Frittierter Tintenfisch

Für 4 Personen

450 g küchenfertiger Tintenfisch

4 EL Speisestärke

1 TL Salz

1 TL gemahlener schwarzer Pfeffer

1 TL Chiliflocken

Erdnussöl, zum Frittieren

Sauce nach Wahl, als Dip

TIPP

Für einen scharfen Dip vermischen Sie je 1 EL helle und dunkle Sojasauce, 2 TL Sesamöl, 2 frische grüne Chillies, entkernt und gehackt, 2 Frühlingszwiebeln, in Ringe geschnitten, 1 Knoblauchzehe, zerdrückt, 1 EL frisch geriebene Ingwerwurzel.

1 Die Tentakel des Kalmars abtrennen und den Körper säubern. Dann an einer Seite aufschneiden und flach aufklappen.

2 Den Fleischlappen kreuzweise einritzen und in 4 gleich große Teile schneiden.

3 Speisestärke, Salz, Pfeffer und Chiliflocken mischen.

4 Die Mischung in einen Gefrierbeutel füllen. Tintenfischstreifen hineingeben und den Beutel schütteln, um das Fleisch mit der Speisestärke-Gewürze-Mischung zu vermengen.

5 Etwa 5 cm hoch Erdnussöl in einen vorgewärmten großen Wok geben und erhitzen.

6 Die Tintenfischstreifen portionsweise in den Wok geben und jeweils ca. 2 Minuten frittieren, bis sich die Streifen aufwölben. Garzeit einhalten, sonst werden sie zäh.

7 Die Portionen mit einem Schaumlöffel herausnehmen und zum Abtropfen auf Küchenpapier legen.

8 Auf Teller verteilen und sofort servieren. Dazu einen Dip reichen.

Gebratener Fisch mit Sojasauce & Ingwer

Für 6 Personen

6 getrocknete Shiitake-Pilze

3 EL Reisessig

2 EL Palmzucker

3 EL dunkle Sojasauce

7,5-cm-Stück Ingwerwurzel, fein
   gehackt

4 Frühlingszwiebeln, in Ringen

2 TL Speisestärke

2 EL Limettensaft

1 küchenfertiger Seebarsch, 1 kg

Salz und Pfeffer

4 EL Mehl

Sonnenblumenöl

1 Radieschen, aufgeschnitten, zum
   Garnieren

ZUM SERVIEREN

Chinakohl, in Streifen geschnitten

Radieschenscheiben

1 Die Pilze in heißem Wasser 10 Minuten einweichen. Abgießen, von der Flüssigkeit 100 ml auffangen. Die Pilze in dünne Scheiben schneiden.

2 Die aufgefangene Einweichflüssigkeit mit Reisessig, Zucker und Sojasauce verrühren. Mit den Pilzen in einen Topf geben und aufkochen. Hitze reduzieren und 3–4 Minuten köcheln.

3 Ingwer und Frühlingszwiebeln zugeben und 1 Minute köcheln. Die Speisestärke mit dem Limettensaft glatt rühren, in den Topf geben und unter Rühren 1–2 Minuten kochen, bis die Sauce eindickt und klar wird. Die Sauce warm stellen.

4 Den Fisch innen und außen mit Salz und Pfeffer einreiben. Leicht mit Mehl bestäuben, überschüssiges Mehl abklopfen.

5 Eine hohe, breite Pfanne 2,5 cm hoch mit Öl füllen, auf 180 °C erhitzen, bis ein Brotwürfel in 30 Sekunden braun ist. Den Fisch vorsichtig in das Öl legen und von einer Seite 3–4 Minuten goldbraun braten. Mit 2 Bratenwendern aus Metall wenden, dann die andere Seite 3–4 Minuten goldbraun braten.

6 Den Fisch aus der Pfanne nehmen und das Öl abtropfen lassen. Auf eine Servierplatte legen. Die Sauce zum Kochen bringen und über den Fisch gießen. Mit Chinakohlstreifen und Radieschenscheiben anrichten und sofort servieren.

Austern mit Tofu, Zitrone & Koriander

Für 4 Personen

220 g Porree

350 g Tofu

2 EL Sonnenblumenöl

350 g Austern ohne Schale

2 EL frischer Zitronensaft

1 TL Speisestärke

2 EL helle Sojasauce

100 ml Fischfond

2 EL frisch gehackter Koriander

1 TL Zitronenzesten

VARIATION

Statt Austern sind auch Mies-
oder Venusmuscheln bestens
geeignet.

---

1 Den Porree putzen und mit einem Messer in Ringe schneiden.

2 Den Tofu in mundgerechte Stücke zerteilen.

3 Das Sonnenblumenöl in einem vorgewärmten großen Wok erhitzen. Die Porreeringe in den Wok geben und 2 Minuten pfannenrühren.

4 Tofu und Austern zufügen und 1–2 Minuten weiterrühren.

5 Zitronensaft, Speisestärke, helle Sojasauce und Fischfond in einer kleinen Schüssel mischen.

6 Die Mischung in den Wok geben und unter gelegentlichem Rühren kochen, bis die Flüssigkeit eindickt.

7 Das Gericht auf Schalen verteilen und mit Koriander und Zitronenzesten bestreuen. Sofort servieren.

Meeresfrüchte Chow-Mein

Für 4 Personen

90 g küchenfertiger Tintenfisch

3–4 Jakobsmuscheln, ausgelöst

90 g Garnelen, roh und geschält

$1/2$ Eiweiß, leicht verquirlt

2 TL Speisestärke, vermischt mit

    $2^1/2$ TL Wasser

280 g Eiernudeln

5–6 EL Pflanzenöl

2 EL helle Sojasauce

60 g Zuckererbsen

$1/2$ TL Salz

$1/2$ TL Zucker

1 TL chinesischer Reiswein

2 Frühlingszwiebeln, fein gehackt

ein paar Tropfen Sesamöl

1 Den Rumpf des Tintenfischs umstülpen und die Innenseite mit einem scharfen Küchenmesser kreuzförmig einritzen. Den Tintenfisch in mundgerechte Stücke zerteilen. Das Fleisch in eine Schüssel mit kochendem Wasser geben, bis sich die Ränder nach außen wölben. Mit kaltem Wasser abspülen und abtropfen lassen.

2 Jede Jakobsmuschel in 3–4 Scheiben zerteilen. Große Garnelen der Länge nach halbieren. Jakobsmuscheln und Garnelen mit dem Ei und der Stärkemischung vermengen.

3 Die Nudeln nach Packungsanleitung zubereiten. Abtropfen und in kaltem Wasser abspülen. Erneut abtropfen lassen, dann 1 EL Öl untermischen und schwenken.

4 3 EL Öl in einem vorgewärmten Wok erhitzen. Die Nudeln und 1 EL der Sojasauce zugeben und 2–3 Minuten anbraten. Alles auf einen großen Servierteller geben.

5 Das restliche Öl im Wok erhitzen und Zuckererbsen und Meeresfrüchte zugeben. Etwa 2 Minuten anbraten, dann Salz, Zucker, Wein, die restliche Sojasauce und etwa die Hälfte der Frühlingszwiebeln zufügen. Gut durchmischen und bei Bedarf ein wenig Brühe oder Wasser zugießen. Die Meeresfrüchte-Mischung auf die Nudeln geben und mit Sesamöl beträufeln. Mit den restlichen Frühlingszwiebeln garnieren und servieren.

Gebratene Meeresfrüchte

Für 4 Personen

100 g kleine dünne grüne Spargelstangen

1 EL Sonnenblumenöl

2,5-cm-Stück Ingwerwurzel, in
   dünnen Streifen

1 Porreestange, in Streifen

2 Karotten, in dünnen Stiften

100 g Babymaiskolben, längs
   geviertelt

2 EL helle Sojasauce

1 EL Austernsauce

1 TL Honig

450 g gemischte Meeresfrüchte,
   gekocht

Eiernudeln, zum Servieren

GARNIERUNG

4 große gekochte Garnelen

1 kleines Bund frischer Schnittlauch,
   in Röllchen

1 In einem Topf Wasser zum
   Kochen bringen und den Spargel
1–2 Minuten blanchieren. Dann den
Spargel abgießen, gut abtropfen lassen
und warm halten.

2 Das Öl in einem Wok oder einer
   großen Pfanne erhitzen und
Ingwer, Porree, Karotten und Mais
darin 3 Minuten rasch pfannenrühren.

3 Soja- und Austernsauce sowie
   Honig in den Wok geben. Die
Meeresfrüchte ebenfalls zugeben und
2–3 Minuten pfannenrühren, bis das
Gemüse zart ist und die Meeresfrüchte
erhitzt sind. Den Spargel zufügen und
etwa 2 Minuten mitrühren.

4 Die Nudeln auf 4 vorgewärmte
   Teller verteilen und die Meeresfrüchte darüber anrichten.

5 Mit Garnelen und Schnittlauch
   garnieren und sofort servieren.

Meeresfrüchte indisch

Für 4 Personen

1 Knoblauchzehe, zerdrückt

2 TL frisch geriebene Ingwerwurzel

2 TL gemahlener Koriander

2 TL gemahlener Kreuzkümmel

$^1/_2$ TL gemahlener Kardamom

$^1/_4$ TL Chilipulver

2 EL Tomatenmark

5 EL Wasser

3 EL frisch gehackter Koriander

500 g gekochte Riesengarnelen,
   ausgelöst

2 EL Öl

2 kleine Zwiebeln, in Ringe
   geschnitten

1 frische grüne Chili, gehackt

Salz

1 Knoblauch, Ingwer, Koriander, Kreuzkümmel, Kardamom, Chilipulver, Tomatenmark, 4 Esslöffel Wasser und 2 Esslöffel gehackten Koriander in eine Schüssel geben und alles mischen.

2 Garnelen in die Schüssel geben, gut mit der Gewürzmischung überziehen und 2 Stunden marinieren.

3 Das Öl in einem Wok erhitzen, die Zwiebeln zugeben und pfannenrühren, bis sie gebräunt sind.

4 Garnelen, Marinade und Chili zugeben und bei mittlerer Hitze 5 Minuten pfannenrühren. Mit Salz abschmecken und das restliche Wasser zugeben, wenn die Mischung zu trocken ist. Bei mittlerer Hitze 5 Minuten braten.

5 Die Garnelen mit dem restlichen gehackten Koriander garnieren und sofort servieren.

TIPP

Garnelen verlieren weniger
Geschmack, wenn man sie ohne
Wasser in einem gut verschlossenen Topf bei großer Hitze im
eigenen Saft garen lässt.

Vegetarische Gerichte

Gemüse spielt für die Wok-Küche des Fernen

Ostens eine wichtige Rolle und wird zu allen

Mahlzeiten in zahllosen Variationen gereicht.

Aus den Rezepten in diesem Kapitel lässt sich ohne weiteres ein köstliches und

sättigendes Menü ganz ohne Fleisch oder Fisch zusammenstellen. Mais-

kölbchen, Chinakohl und grüne Bohnen, junge Spinatblätter und Pak Choi

bereichern jedes Wok-Gericht mit charakteristischen, frischen Geschmacksnoten.

Die Menschen im Fernen Osten mögen ihr Gemüse knackig, und so werden

die meisten Gerichte nur kurz gegart, um Aroma und Konsistenz der verschiede-

nen Zutaten voll zur Geltung zu bringen. Kaufen Sie immer knackig frisches

Gemüse und verarbeiten Sie es so bald wie möglich. Wichtig ist auch, das

Gemüse erst unmittelbar vor der Verarbeitung zu waschen und gleich nach dem

Zerkleinern zu garen, damit die Vitamine möglichst vollständig erhalten bleiben.

Gemüse mit Reiswein & Sojasauce

Für 4 Personen

2 EL Sonnenblumenöl

1 rote Zwiebel, in Ringen

175 g Karotten, in Scheiben

175 g Zucchini, diagonal in

    Scheiben geschnitten

1 rote Paprika, entkernt und in

    Streifen geschnitten

1 kleiner Chinakohl, in Streifen

    geschnitten

150 g Bohnensprossen

220 g Bambussprossen, abgetropft

150 g Cashewkerne, geröstet

SAUCE

3 EL Reiswein

3 EL helle Sojasauce

1 TL gemahlener Ingwer

1 Knoblauchzehe, zerdrückt

1 TL Speisestärke

1 EL Tomatenmark

VARIATION

Nach diesem vielseitigen Rezept
können Sie zahlreiche frische
Gemüsesorten zubereiten.

1 Das Öl in einem vorgewärmten großen Wok erhitzen.

2 Die Zwiebel darin 2–3 Minuten pfannenrühren, bis sie fast gar ist.

3 Karotten, Zucchini und Paprikastreifen zugeben und alles unter Rühren weitere 5 Minuten anbraten.

4 Chinakohl, Bohnen- und Bambussprossen ebenfalls in den Wok geben und 2–3 Minuten mitgaren, bis der Kohl zusammenfällt. Die Cashewkerne über das Gemüse streuen.

5 Reiswein, Sojasauce, Ingwer, Knoblauch, Speisestärke und Tomatenmark mischen. Die Mischung über das Gemüse geben und gut unterheben. 2–3 Minuten köcheln, bis die Sauce eindickt. Sofort servieren.

Tofu mit Sojasauce & Paprika

Für 4 Personen

350 g Tofu

2 Knoblauchzehen, zerdrückt

4 EL dunkle Sojasauce

1 EL süße Chilisauce

6 EL Sonnenblumenöl

1 Zwiebel, in Ringen

1 grüne Paprika, entkernt und
 gewürfelt

1 EL Sesamöl

1 Den Tofu in Stücke schneiden und in eine flache Schale geben.

2 Knoblauch, Sojasauce und Chilisauce gut vermischen und über den Tofu geben. Dann die Tofustücke darin wenden, bis sie gleichmäßig mit Sauce überzogen sind. Ca. 20 Minuten marinieren.

3 Inzwischen das Öl in einem vorgewärmten großen Wok erhitzen.

4 Die Zwiebelringe im Wok bei starker Hitze braun und knusprig braten. Mit dem Schaumlöffel herausnehmen und auf Küchenpapier abtropfen lassen.

5 Den Tofu in das heiße Öl geben, 5 Minuten braten und dann herausnehmen.

6 Das Öl im Wok bis auf 1 Esslöffel abgießen. Die Paprika 2–3 Minuten im restlichen Öl pfannenrühren, bis sie gar ist.

7 Tofu und Zwiebelringe zurück in den Wok geben und unter Rühren anbraten, bis sie aufgewärmt sind.

8 Alles mit Sesamöl beträufeln. Das fertige Gericht auf Teller verteilen und heiß servieren.

Grüne Bohnen mit Salat und Bohnensauce

Für 4 Personen

220 g dünne grüne Bohnen

4 Schalotten

100 g Shiitake-Pilze

1 Knoblauchzehe

1 fester Salat, z. B. Eisbergsalat

1 TL Chiliöl

25 g Butter

4 EL schwarze Bohnensauce

1 Mit einem scharfen Messer die Bohnen in Stücke, die Schalotten in Ringe und die Pilze in Scheiben schneiden. Die Knoblauchzehe zerdrücken und den Salat in Streifen schneiden.

2 Chiliöl und Butter in einem vorgewärmten großen Wok erhitzen.

3 Bohnen, Schalotten, Knoblauch und Pilze zugeben und 2–3 Minuten pfannenrühren.

4 Den Salat zufügen und rühren, bis die Blätter zusammenfallen.

5 Die Bohnensauce unter die Mischung rühren. Unter häufigem Wenden gründlich erhitzen, bis die Sauce aufkocht.

6 Das Gemüse in der Sauce auf vorgewärmte Teller verteilen und sofort servieren.

TIPP

Möglichst zarte chinesische grüne Bohnen verwenden, die man ganz verzehren kann. Es gibt sie in Asia-Märkten.

Buntes Gemüse in Erdnuss-Sauce

Für 4 Personen

2 Karotten

1 kleiner Blumenkohl

2 kleine grüne Pak Choi

150 g Brechbohnen

2 EL Öl

1 Knoblauchzehe, fein gehackt

6 Frühlingszwiebeln, in Ringen

1 TL Chilipaste

2 EL Sojasauce

2 EL Reiswein

4 EL Erdnussbutter

3 EL Kokosmilch

TIPP

Die Gemüsestücke müssen gleichmäßig dick sein, damit sie schnell und gleichmäßig garen. Putzen und schneiden Sie zunächst das gesamte Gemüse.

1 Die Karotten schräg in dünne Scheiben schneiden. Den Blumenkohl in Röschen zerteilen, den Strunk in dünne Scheiben schneiden. Den Pak Choi in Streifen und die geputzten Brechbohnen in 3 cm lange Stücke schneiden.

2 Das Öl in einem Wok oder einer großen Pfanne erhitzen. Knoblauch und Frühlingszwiebeln etwa 1 Minute darin anbraten. Die Chilipaste einrühren und einige Sekunden mitkochen.

3 Karotten und Blumenkohl zugeben und alles 2–3 Minuten pfannenrühren.

4 Pak Choi und Bohnen zugeben und weitere 2 Minuten braten. Sojasauce und Reiswein einrühren.

5 Die Erdnussbutter mit der Kokosmilch verrühren und in den Wok geben. Unter Rühren 1 Minute darin kochen. Heiß servieren.

Dhal

Für 4 Personen

220 g gelbe Linsen oder gelbe
    Spalterbsen, gewaschen

1/2 TL gemahlene Kurkuma

1 TL gemahlener Koriander

1 TL Salz

4 Curryblätter

2 EL Sonnenblumenöl

1/2 TL Asafötida-Pulver (Stinkasant),
    nach Belieben

1 TL Kreuzkümmelsamen

2 Zwiebeln, gehackt

2 Knoblauchzehen, zerdrückt

1-cm-Stück Ingwerwurzel, gerieben

1/2 TL Garam Masala

1 Die Linsen oder Erbsen in einen großen Topf geben und so viel Wasser zugeben, dass es 2,5 cm über den Linsen steht.

2 Zum Kochen bringen und dabei behutsam mit einem Löffel abschäumen. Kurkuma, Koriander, Salz und Curryblätter zugeben. Hitze reduzieren und 1 Stunde köcheln, bis die Linsen oder Erbsen weich, aber nicht matschig werden. Abgießen.

3 Öl im Wok erhitzen. Nach Belieben Asafötida zugeben und 30 Sekunden unter Rühren anbraten.

4 Kreuzkümmelsamen zugeben und unter Rühren erhitzen, bis sie zu springen beginnen.

5 Zwiebeln zugeben, unter Rühren 5 Minuten goldbraun dünsten.

6 Knoblauch, Ingwer, Garam Masala und Linsen bzw. Erbsen zugeben, 2 Minuten unter Rühren miterhitzen. Sofort als Beilage zu einem Currygericht reichen oder abkühlen lassen und in den Kühlschrank stellen.

Gemischtes Bohnengemüse

Für 4 Personen

400 g rote Kidneybohnen aus der
  Dose, abgetropft

400 g weiße Bohnen aus der Dose,
  abgetropft

6 Frühlingszwiebeln

200 g Ananasringe oder -stücke aus
  der Dose, grob gehackt

2 EL Ananassaft

3–4 Ingwerpflaumen

2 EL Ingwersirup

Zesten von 1 Limette oder Zitrone

2 EL Limetten- oder Zitronensaft

2 EL Sojasauce

1 TL Speisestärke

1 EL Sonnenblumenöl

125 g Prinzessbohnen, in
  4-cm-Stücken

225 g Bambussprossen

Salz und Pfeffer

1 Die Bohnen abgießen, abspülen und gut abtropfen lassen.

2 Die Frühlingszwiebeln schräg in Ringe schneiden. ¹/₃ der Zwiebelringe für die Garnierung beiseite stellen.

3 Ananasstücke und -saft, Ingwer und Ingwersirup, Limettenschale und -saft, Sojasauce und Speisestärke in einer Schüssel mischen.

4 Das Sesamöl in einem Wok stark erhitzen. Die erste Portion Frühlingszwiebeln etwa 1 Minute pfannenrühren, dann die grünen Bohnen zugeben. Die Bambussprossen abgießen und klein schneiden, in den Wok geben und weitere 2 Minuten pfannenrühren.

5 Die Ananas-Ingwer-Mischung zugeben und kurz aufkochen. Die Bohnen zufügen und etwa 1 Minute unter Rühren erhitzen.

6 Das gemischte Bohnengemüse mit Salz und Pfeffer abschmecken und mit den beiseite gestellten Frühlingszwiebeln garniert servieren oder als Beilage reichen.

Chinesische Pfannkuchen

Für 4 Personen

1 EL Öl

1 Knoblauchzehe, zerdrückt

2,5-cm-Stück Ingwerwurzel, gerieben

1 Bund Frühlingszwiebeln, längs in Streifen geschnitten

100 g Zuckererbsen, in Stücken

220 g Tofu, in 1 cm dicke Würfel geschnitten

2 EL dunkle Sojasauce, plus etwas mehr zum Servieren

2 EL Hoisin-Sauce, plus etwas mehr zum Servieren

60 g Bambussprossen, abgetropft

100 g Bohnensprossen

1 kleine rote Chili, entkernt und in Streifen

60 g Wasserkastanien aus der Dose, abgetropft

1 Bund frischer Schnittlauch

12 weiche chinesische Pfannkuchen

ZUM SERVIEREN

Chinakohlblätter, in dünne Streifen geschnitten

1 Salatgurke, in Scheiben

3 rote Chillies, in Streifen

1 Das Öl in einem Wok oder einer großen Pfanne erhitzen. Knoblauch und Ingwer 1 Minute anbraten.

2 Frühlingszwiebeln, Zuckererbsen, Tofu, Sojasauce und Hoisin-Sauce zugeben und 2 Minuten pfannenrühren.

3 Bambus- und Bohnensprossen, rote Chili und Wasserkastanien zugeben. Weitere 2 Minuten braten, bis das Gemüse weich ist, aber noch Biss hat.

4 Den Schnittlauch in 2,5 cm lange Röllchen schneiden und zum Gemüse geben.

5 Die Pfannkuchen gemäß der Packungsanleitung erhitzen und warm halten.

6 Das Gemüse auf die Pfannkuchen verteilen. Aufrollen und mit Chinakohl, Gurke und Chili garniert servieren.

Tofu-Eintopf

Für 4 Personen

450 g Tofu

2 EL Erdnussöl

8 Frühlingszwiebeln, in Ringen

2 Selleriestangen, in Ringen

125 g Brokkoli, in Röschen zerteilt

125 g Zucchini, in Scheiben

2 Knoblauchzehen, in dünne
   Scheiben geschnitten

450 g junger Spinat

SAUCE

420 ml Gemüsebrühe

2 EL helle Sojasauce

3 EL Hoisin-Sauce

1/2 TL Chilipulver

1 EL Sesamöl

Reis, als Beilage

1 Den Tofu in 2,5 cm große Würfel schneiden und beiseite stellen.

2 Das Öl in einem vorgewärmten Wok erhitzen.

3 Frühlingszwiebeln, Sellerie, Brokkoli, Zucchini, Knoblauch, Spinat und Tofu zugeben und unter Rühren 3–4 Minuten anbraten.

4 Für die Sauce Gemüsebrühe, Soja-sauce, Hoisin-Sauce, Chilipulver und Sesamöl in einem großen Topf vermengen und aufkochen.

5 Die im Wok angebratene Tofu-Gemüse-Mischung zufügen, dann die Hitze reduzieren und 10 Minuten schmoren.

6 In einer vorgewärmten Servier-schüssel anrichten und mit Reis servieren.

Tofu süß-sauer mit Gemüse

Für 4 Personen

2 Selleriestangen

1 Karotte

1 grüne Paprika, entkernt

80 g Zuckererbsen

2 EL Öl

2 Knoblauchzehen, zerdrückt

8 Babymaiskolben

125 g Bohnensprossen

450 g Tofu, gewürfelt

SAUCE

2 EL brauner Zucker

2 EL Weißweinessig

220 ml Gemüsebrühe

1 TL Tomatenmark

1 EL Speisestärke

Reis oder Nudeln, zum Servieren

TIPP

Beim Rühren aufpassen, dass der Tofu nicht zerfällt.

1 Den Sellerie in Scheiben, die Karotte in Stifte und die Paprika in Würfel schneiden. Die Zuckererbsen halbieren.

2 Das Öl in einem vorgewärmten Wok fast bis zum Rauchen erhitzen. Die Hitze etwas reduzieren, Knoblauch, Sellerie, Karotte, Paprika, Zuckererbsen und Mais 3–4 Minuten unter Rühren anbraten.

3 Bohnensprossen und Tofu in den Wok geben und 2 Minuten pfannenrühren.

4 Für die Sauce Zucker, Essig, Gemüsebrühe, Tomatenmark und Speisestärke gut vermischen und in das Gemüse einrühren. Aufkochen und rühren, bis die Sauce bindet. Noch 1 Minute kochen, dann mit Reis oder Nudeln heiß servieren.

Tofu-Gemüse-Pfanne

Für 4 Personen

200 g Kartoffeln, gewürfelt

1 EL Öl

1 rote Zwiebel, in Ringen

250 g fester Tofu, gewürfelt

2 Zucchini, gewürfelt

8 Artischockenherzen aus der Dose,
    halbiert

150 ml passierte Tomaten

1 EL süße Chilisauce

1 EL helle Sojasauce

1 TL Zucker

2 EL frisch gehacktes Basilikum

Salz und Pfeffer

1 Die Kartoffeln 10 Minuten kochen. Gut abtropfen lassen und beiseite stellen.

2 Das Öl in einer großen Pfanne erhitzen und die Zwiebel 2 Minuten unter Rühren weich dünsten.

3 Tofu und Zucchini zugeben und 3–4 Minuten mitschmoren, bis sie leicht braun sind.

4 Die Kartoffeln zugeben und mischen.

5 Artischockenherzen, passierte Tomaten, Chilisauce, Sojasauce, Zucker und Basilikum einrühren

6 Alles mit Salz und Pfeffer abschmecken und weitere 5 Minuten kochen, dabei häufig umrühren.

7 Das Pfannengerührte in Schalen füllen und sofort servieren.

TIPP

Artischockenherzen aus der Dose sollten abgetropft und unter Wasser abgespült werden, da sie oft in Salzlake eingelegt sind.

Knuspriger Tofu mit Chilisauce

Für 4 Personen

300 g fester Tofu

2 EL Öl

1 Knoblauchzehe, in Scheiben
    geschnitten

1 Karotte, in Stifte geschnitten

½ grüne Paprika, entkernt und in
    Stifte geschnitten

1 frische kleine rote Chili, entkernt
    und fein gehackt

3 EL helle Sojasauce

1 EL Limettensaft

1 EL Palmzucker

eingelegter Knoblauch, in Scheiben,
    zum Servieren (nach Belieben)

1 Den Tofu abtropfen lassen und
    mit Küchenpapier trockentupfen.
In 2 cm große Würfel schneiden.

2 Das Öl in einem Wok erhitzen.
    Den Knoblauch 1 Minute darin
anbraten. Den Knoblauch aus dem
Wok nehmen, den Tofu hineingeben
und rasch rundum goldbraun anbraten.
Dabei vorsichtig wenden.

3 Den Tofu aus dem Wok nehmen,
    abtropfen lassen und warm
halten. Karotte und Paprika in den Wok
geben und 1 Minute pfannenrühren.
Das Gemüse auf einen Teller geben,
den Tofu darauf verteilen.

4 Chili, Sojasauce, Limettensaft,
    Fischsauce und Zucker verrühren,
bis der Zucker aufgelöst ist.

5 Die Sauce über den Tofu gießen
    und eventuell mit Knoblauch-
scheiben garnieren. Heiß servieren.

Gebratene Pilze mit Ingwer

Für 4 Personen

2 EL Öl

3 Knoblauchzehen, zerdrückt

1 EL thailändische rote Currypaste

1/2 TL gemahlene Kurkuma

400 g chinesische Strohpilze aus der Dose, abgespült, abgetropft und halbiert

2-cm-Stück Ingwerwurzel, in Stiften

100 ml Kokosmilch

40 g getrocknete Shiitake-Pilze, eingeweicht, abgetropft und in Scheiben geschnitten

1 EL Zitronensaft

1 EL helle Sojasauce

2 TL Zucker

1/2 TL Salz

8 Kirschtomaten, halbiert

200 g fester Tofu, gewürfelt

frische Korianderblätter, zum Garnieren

gekochter Duftreis, zum Servieren

1 Das Öl erhitzen und den Knoblauch etwa 1 Minute darin pfannenrühren. Currypaste und Kurkuma einrühren und 30 Sekunden mitbraten.

2 Strohpilze und Ingwer zugeben und 2 Minuten braten. Die Kokosmilch zugießen und alles zum Kochen bringen.

3 Die Shiitake-Pilze einrühren. Zitronensaft, Sojasauce, Zucker und Salz zugeben und alles gut durchwärmen. Tomaten und Tofu vorsichtig unterheben.

4 Das Gericht mit Korianderblättern bestreuen und sofort zu gekochtem Duftreis servieren.

175

Scharfe Gemüsepuffer mit süßem Chili-Dip

Für 4 Personen

150 g Mehl

1 TL gemahlener Koriander

1 TL gemahlener Kreuzkümmel

1 TL gemahlene Kurkuma

1 TL Salz

$\frac{1}{2}$ TL Pfeffer

2 Knoblauchzehen, fein gehackt

3-cm-Stück Ingwerwurzel, gehackt

2 frische kleine grüne Chillies, fein
gehackt

1 EL frisch gehackter Koriander

220 ml Wasser

1 Zwiebel, gehackt

1 Kartoffel, grob gerieben

80 g Maiskörner

1 kleine Aubergine, gewürfelt

125 g chinesischer Brokkoli, in
kleine Stücke geschnitten

Kokosöl, zum Frittieren

SÜSSER CHILI-DIP

2 frische kleine rote Chillies, fein
gehackt

4 EL Zucker

4 EL Reisessig

1 EL helle Sojasauce

1 Alle Zutaten für den Dip so lange verrühren, bis der Zucker aufgelöst ist. Abdecken und bis zur Verwendung beiseite stellen.

2 Das Mehl in einer Schüssel mit gemahlenem Koriander, Kreuzkümmel, Kurkuma, Salz und Pfeffer vermischen. Knoblauch, Ingwer, Chillies und gehackten Koriander zugeben, dann gerade so viel Wasser einrühren, dass ein dicker Teig entsteht.

3 Zwiebel, Kartoffel, Mais, Aubergine und Brokkoli zugeben und alles gründlich verrühren.

4 Das Öl im Wok auf 180 °C erhitzen, bis ein Brotwürfel in 30 Sekunden braun wird. Den Teig löffelweise in das heiße Öl geben und goldbraun frittieren, dabei einmal wenden.

5 Fertige Puffer im Backofen warm halten, während der restliche Teig verarbeitet wird.

6 Die Puffer auf Küchenpapier abtropfen lassen. Knusprig und heiß mit dem Chili-Dip servieren.

> **TIPP**
> Chinesischer Brokkoli ist mit dem hiesigen kaum zu vergleichen. Er hat längliche grüne Blätter und gräuliche Blüten.

Frittierte Zucchini

Für 4 Personen

450 g Zucchini

1 Eiweiß

50 g Speisestärke

1 TL Salz

1 TL Fünf-Gewürze-Pulver

Öl, zum Frittieren

VARIATION

Mit Chili- oder Currypulver statt des Fünf-Gewürze-Pulvers können Sie individuelle Geschmacksvarianten erzielen.

---

1 Die Zucchini mit einem scharfen Messer in Scheiben oder dicke Stifte schneiden.

2 Das Eiweiß in eine kleine Schüssel geben. Mit einer Gabel leicht verquirlen, bis es schaumig ist.

3 Speisestärke, Salz und Fünf-Gewürze-Pulver gut vermischen und auf einen großen Teller streuen.

4 Das Frittieröl in einem vorgewärmten großen Wok erhitzen.

5 Jedes Zucchinistück erst in das verquirlte Eiweiß tauchen und dann in der gewürzten Speisestärke wenden.

6 Die panierten Zucchinistücke portionsweise in den Wok geben und jeweils ca. 5 Minuten frittieren, bis sie goldgelb und knusprig sind.

7 Die frittierten Zucchini mit dem Schaumlöffel herausnehmen und auf Küchenpapier abtropfen lassen.

8 Das fertige Gericht auf Teller verteilen und heiß servieren.

Frittierte Chili-Mais-Bällchen

Für 4 Personen

3 EL frisch gehackter Koriander

220 g Mais aus der Dose, abgetropft

6 Frühlingszwiebeln, in Ringen

1 TL mildes Chilipulver

1 EL süße Chilisauce

25 g Kokosraspel

1 Ei

75 g Maismehl

Öl, zum Frittieren

süße Chilisauce, als Dip

1 Koriander, Mais, Frühlingszwiebeln, Chilipulver, Chilisauce, Kokosraspel, Ei und Maismehl in eine große Schüssel geben und gründlich verrühren.

2 Anschließend die Mischung abdecken und ca. 10 Minuten ruhen lassen.

3 Das Frittieröl in einem vorgewärmten großen Wok oder einer großen Pfanne erhitzen.

4 Den Chili-Maismehl-Teig löffelweise in das heiße Öl geben und dann 4–5 Minuten unter Rühren frittieren, bis die Bällchen knusprig und goldbraun sind.

5 Die Chili-Mais-Bällchen mit einem Schaumlöffel aus dem Wok nehmen und auf Küchenpapier gut abtropfen lassen.

6 Das fertige Gericht auf Tellern anrichten und mit süßer Chilisauce zum Dippen servieren.

1

4

5

Gemüserollen mit Spargel

Für 4 Personen

100 g Spargelspitzen

1 rote Paprika, in Streifen

50 g Bohnensprossen

2 EL Pflaumensauce

8 große Blätter Frühlingsrollen-Teig

1 Eigelb, verquirlt

Öl, zum Frittieren

1 Spargel, Paprika und Bohnensprossen in eine große Schüssel
geben.

2 Die Pflaumensauce über das
Gemüse träufeln und alles gut
vermengen.

3 Die Teigplatten auf eine saubere
Arbeitsfläche legen.

4 Jeweils 1 Portion der Gemüsemischung auf 1 Teigblatt setzen.

5 Die Teigränder mit etwas Eigelb
bestreichen und einschlagen.

6 Jedes Teigblatt aufrollen. Die
Enden mit Eigelb bestreichen und

fest andrücken, damit sie während des
Frittierens nicht aufgehen.

7 Das Frittieröl in einem vorgewärmten großen Wok erhitzen.

8 Jeweils 2 Gemüserollen 4–5 Minuten darin knusprig frittieren.

9 Die Gemüserollen mit einem
Schaumlöffel herausnehmen und
auf Küchenpapier abtropfen lassen. Auf
vorgewärmten Tellern anrichten und
heiß servieren.

TIPP

Spargelspitzen sind hier geeigne-
ter als ganze Spargelstangen, da
sie zarter als die Stangen sind.

Spinat mit Shiitake-Pilzen

Für 4 Personen

4 Frühlingszwiebeln

3 EL Erdnussöl

350 g Shiitake-Pilze, in Scheiben
    geschnitten

2 Knoblauchzehen, zerdrückt

350 g junger Spinat

2 EL Reiswein

2 EL Honig

1 Die Frühlingszwiebeln in Ringe
schneiden.

2 Das Erdnussöl in einem vorgewärmten großen Wok oder einer
Pfanne erhitzen.

3 Die Shiitake-Pilze in den Wok
geben und ca. 5 Minuten unter
Rühren anbraten.

4 Den Knoblauch in den Wok
geben.

5 Den Spinat zufügen und weitere
2–3 Minuten pfannenrühren, bis
die Spinatblätter zusammenfallen.

6 Reiswein und Honig in einer
kleinen Schüssel gut mischen.
Diese Mischung über den Spinat
träufeln und mitgaren.

7 Das Pfannengemüse auf vorge-
wärmte Teller verteilen und mit
Frühlingszwiebelringen bestreuen.
Heiß servieren.

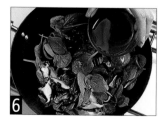

Karotten mit Orangen

Für 4 Personen

2 EL Sonnenblumenöl

450 g Karotten, geraspelt

220 g Porree, in Ringen

2 Orangen, geschält und in Stücken

2 EL Tomatenketchup

1 EL brauner Zucker

2 EL helle Sojasauce

100 g Erdnüsse, gehackt

VARIATION

Die Orangen können Sie durch Ananas ersetzen. Bei Konserven nur Ananas im eigenen Saft nehmen, weil künstliche Süße dem Gericht die Frische nimmt.

1 Das Sonnenblumenöl in einem vorgewärmten großen Wok erhitzen.

2 Karotten und Porree zufügen und 2–3 Minuten pfannenrühren, bis das Gemüse gar, aber noch bissfest ist.

3 Die Orangenstücke in den Wok geben und unter vorsichtigem Rühren mitgaren.

4 Tomatenketchup, Zucker und Sojasauce in eine kleine Schale geben und gut mischen.

5 Die Mischung in den Wok geben und weitere 2 Minuten rühren.

6 Das Pfannengemüse in vorgewärmte Schalen verteilen und mit gehackten Erdnüssen garnieren. Sofort servieren.

Gemüsepfanne mit Bohnensauce

Für 4 Personen

1 Aubergine

Salz

2 EL Öl

3 Knoblauchzehen, zerdrückt

4 Frühlingszwiebeln, gehackt

1 kleine rote Paprika, entkernt und
  in dünne Streifen geschnitten

4 Babymaiskolben, längs halbiert

80 g Zuckererbsen

200 g chinesischer Senfkohl, grob in
  Streifen geschnitten

400 g chinesische Strohpilze aus der
  Dose, abgespült und abgetropft

125 g Bohnensprossen

2 EL chinesischer Reiswein

2 EL gelbe Bohnensauce

2 EL dunkle Sojasauce

1 TL Chilisauce

1 TL Zucker

125 ml Hühner- oder Gemüsebrühe

1 TL Speisestärke

2 TL Wasser

1 Die Aubergine putzen und in 5 cm lange Stifte schneiden. In einen Durchschlag geben, mit Salz bestreuen und 30 Minuten ziehen lassen. Mit kaltem Wasser abspülen und mit Küchenpapier trockentupfen.

2 Das Öl in einem Wok oder einer großen Pfanne erhitzen. Knoblauch, Frühlingszwiebeln und Paprika bei starker Hitze 1 Minute pfannenrühren. Die Aubergine zugeben und 1 weitere Minute braten.

3 Babymaiskolben und Zuckererbsen zugeben und nochmals 1 Minute braten. Senfkohl, Pilze und Bohnensprossen zufügen und 30 Sekunden braten.

4 Reiswein, Bohnensauce, Sojasauce, Chilisauce und Zucker vermischen und mit der Brühe in den Wok geben. Unter Rühren aufkochen.

5 Die Speisestärke mit dem Wasser glatt anrühren. Schnell an die Sauce geben, 1 Minute aufkochen und sofort servieren.

184

Brokkolipfanne mit Austernsauce

Für 4 Personen

400 g Brokkoli

1 EL Erdnussöl

2 Schalotten, fein gehackt

1 Knoblauchzehe, fein gehackt

1 EL Reiswein oder trockener Sherry

5 EL Hoisin-Sauce

¼ TL gemahlener schwarzer Pfeffer

1 TL Chiliöl

1 Den Brokkoli putzen und in kleine Röschen zerteilen. In einem Topf mit kochendem Wasser ca. 30 Sekun-den blanchieren, anschließend gut abtropfen lassen.

2 Das Öl in einem Wok oder einer großen Pfanne erhitzen. Schalotten und Knoblauch 1–2 Minuten darin goldbraun anbraten.

3 Den Brokkoli zugeben und unter Rühren 2 Minuten braten. Reiswein und Austernsauce zugießen und 1 weitere Minute unter Rühren braten.

4 Mit Pfeffer abschmecken. Vor dem Servieren mit Chiliöl beträufeln.

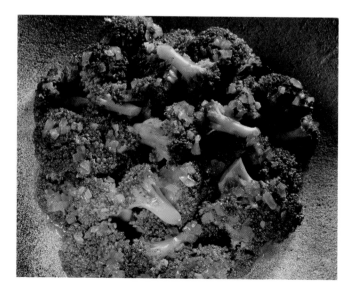

TIPP

Chiliöl kann man selbst herstellen. Getrocknete rote oder grüne Chillies in ein Schraubglas geben, mit einem milden Öl bedecken und verschließen. Mindestens 3 Wochen ziehen lassen.

Gefüllte Pilze auf Thai-Art

Für 4 Personen

8 große Pilze mit flachen Hüten

3 EL Sonnenblumenöl

2 EL helle Sojasauce

1 Knoblauchzehe, zerdrückt

2-cm-Stück frische Galgant- oder
   Ingwerwurzel, gerieben

1 EL thailändische grüne Currypaste

8 Babymaiskolben, in Scheiben

3 Frühlingszwiebeln, gehackt

125 g Bohnensprossen

100 g fester Tofu, gewürfelt

2 TL Sesamsaat, geröstet

ZUM SERVIEREN

Gurke, gewürfelt

rote Paprika, in Streifen

3 Inzwischen die Pilzstiele fein hacken. Das restliche Öl in einem Wok erhitzen. Die Stiele mit Knoblauch und Galgant 1 Minute anbraten.

4 Die Currypaste einrühren, Mais und Frühlingszwiebeln zugeben. 1 Minute unter Rühren anbraten. Die Bohnensprossen zufügen und 1 weitere Minute braten.

5 Den Tofu und die restliche Sojasauce zugeben, alles vermischen und erhitzen. Den Wok vom Herd nehmen und die Gemüsemischung gleichmäßig in die Pilzhüte füllen.

6 Das fertige Gericht mit Sesam bestreuen und sofort zu Gurkenwürfeln und Paprikastreifen servieren.

1 Die Stiele von den Pilzen entfernen und beiseite legen. Die Hüte auf ein Backblech legen. 2 Esslöffel Öl mit 1 Esslöffel heller Sojasauce verrühren und die Pilzhüte damit gut bestreichen.

2 Die Pilzhüte unter dem vorgeheizten Grill garen, bis sie goldbraun und gar sind. Einmal wenden.

Auberginensalat mit Sesam

Für 4 Personen

8 Babyauberginen

Salz

2 TL Chiliöl

2 EL helle Sojasauce

1 EL Sonnenblumenöl

1 Knoblauchzehe, in dünne
   Scheiben geschnitten

1 frische kleine rote Chili, entkernt
   und in Ringen

1 TL Sesamöl

1 EL Limettensaft

1 TL Palmzucker

1 EL frisch gehackte Minze

1 EL Sesamsaat, geröstet

frische Minzeblätter, zum Garnieren

1 Die Auberginen in Längsrichtung in dünne Scheiben schneiden, am Stielansatz aber nicht durchtrennen. In einen Durchschlag geben, Salz in die Einschnitte streuen und 30 Minuten abtropfen lassen. Kalt abspülen und mit Küchenpapier gründlich trockentupfen.

2 Chiliöl und Sojasauce gut vermischen und die Auberginen damit bestreichen. Unter dem vorgeheizten Grill auf der oberen Schiene 6–8 Minuten garen. Dabei ab und zu wenden und mit der Chiliöl-Glasur bestreichen. Alternativ auf dem Holzkohlegrill zubereiten. Auf einer Servierplatte anrichten.

3 Das Sonnenblumenöl in einem Wok oder einer Pfanne erhitzen. Knoblauch und Chili 1–2 Minuten hellbraun anbraten. Vom Herd nehmen. Sesamöl, Limettensaft, Zucker und restliche Chiliöl-Glasur zugeben.

4 Die Minze zufügen, mit Salz abschmecken und das warme Dressing über die Auberginen gießen.

5 20 Minuten marinieren, dann mit der gerösteten Sesamsaat bestreuen. Mit Minzeblättern garnieren und servieren.

Chinesische Pilze mit frittiertem Tofu

Für 4 Personen

25 g getrocknete chinesische Pilze

450 g Tofu

4 EL Speisestärke

Öl, zum Frittieren

2 Knoblauchzehen, fein gehackt

2,5-cm-Stück Ingwerwurzel,
    gerieben

100 g Erbsen

1 Die Pilze in eine große Schüssel geben. Mit kochendem Wasser bedecken und ca. 10 Minuten einweichen lassen.

2 Den Tofu inzwischen mit einem scharfen Messer in mundgerechte Stücke schneiden.

3 Die Speisestärke gleichmäßig in einer Schüssel verteilen.

4 Die Tofuwürfel mehrfach darin wenden, sodass sie gleichmäßig von der Speisestärke überzogen sind.

5 Das Frittieröl in einem vorgewärmten großen Wok erhitzen.

6 Die Tofuwürfel portionsweise im Wok 2–3 Minuten frittieren, bis sie goldbraun und knusprig sind. Dann mit einem Schaumlöffel herausnehmen und abtropfen lassen.

7 Das Öl bis auf 2 Esslöffel aus dem Wok abgießen. Knoblauch, Ingwer und Pilze zugeben und alles 2–3 Minuten pfannenrühren.

8 Zuerst den Tofu, dann die Erbsen in den Wok geben. Noch 1 Minute mitgaren und dann heiß servieren.

Brokkoli & Chinakohl in Bohnensauce

Für 4 Personen

450 g Brokkoli, in Röschen zerteilt

2 EL Sonnenblumenöl

1 Zwiebel, in Ringe geschnitten

2 Knoblauchzehen, in dünne
Scheiben geschnitten

25 g gehobelte Mandeln

1 Chinakohl, in Streifen

4 EL schwarze Bohnensauce

1 In einem großen Topf Wasser zum Kochen bringen.

2 Den Brokkoli hineingeben und 1 Minute garen. Herausnehmen und gründlich abtropfen.

3 In der Zwischenzeit das Sonnenblumenöl in einem vorgewärmten großen Wok erhitzen.

4 Zwiebel und Knoblauch in den Wok geben und unter Rühren anbräunen.

5 Brokkoli und Mandeln zufügen und weitere 2–3 Minuten rühren.

6 Den Chinakohl zufügen und 2 Minuten weiterrühren.

7 Die Bohnensauce unter das Gemüse rühren, dabei mehrmals wenden und so lange garen, bis die Flüssigkeit aufkocht.

8 Das fertige Gemüse auf vorgewärmte Schalen verteilen und heiß servieren.

VARIATION

Statt Mandeln eignen sich auch ungesalzene Cashewkerne für dieses Gericht.

Kürbis mit Cashewkernen & Koriander

Für 4 Personen

1 kg Spaghettikürbis, geschält

3 EL Erdnussöl

1 Zwiebel, in Ringen

2 Knoblauchzehen, zerdrückt

1 TL Koriandersamen

1 TL Kreuzkümmel

2 EL frisch gehackter Koriander

150 ml Kokosmilch

100 ml Wasser

100 g gesalzene Cashewkerne

GARNIERUNG

frisch geriebene Limettenschale

frischer Koriander

Limettenspalten

1 Den Kürbis in kleine mundgerechte Stücke schneiden.

2 Das Erdnussöl in einem vorgewärmten großen Wok erhitzen.

3 Kürbis, Zwiebel und Knoblauch zugeben und alles 5 Minuten pfannenrühren.

4 Koriandersamen, Kreuzkümmel und Koriander zufügen und 1 Minute anbraten.

TIPP

Statt der Kokosmilch in Schritt 5 können Sie auch Kokosraspel mit dem Wasser pürieren und zugeben.

5 Kokosmilch und Wasser zugeben und zum Kochen bringen. Die Kürbisstücke abgedeckt 10–15 Minuten garen, bis sie weich sind.

6 Die Cashewkerne zugeben und gut unterrühren.

7 Das Gemüse auf vorgewärmte Schalen verteilen und mit Limettenschale, frischem Koriander und Limettenspalten garnieren. Heiß servieren.

Porree mit Mais & Bohnensauce

Für 4 Personen

450 g Porree

6 Frühlingszwiebeln

175 g Babymaiskolben

3 EL Erdnussöl

220 g Chinakohl, in dünne Streifen
geschnitten

4 EL gelbe Bohnensauce

TIPP

Gelbe Bohnensauce wird aus
gesalzenen Sojabohnen, Mehl
und Gewürzen hergestellt.

1 Mit einem scharfen Messer Porree und Frühlingszwiebeln schräg in Ringe schneiden und die Maiskolben in der Mitte halbieren.

2 Das Erdnussöl in einem vorgewärmten großen Wok bis zum Rauchen erhitzen.

3 Porree, Chinakohl und Mais in den Wok geben.

4 Bei starker Hitze ca. 5 Minuten scharf anbraten, bis das Gemüse gebräunt ist.

5 Die Frühlingszwiebeln zufügen und gut verrühren.

6 Die Bohnensauce zugeben und unter ständigem Rühren 2 Minuten mitgaren.

7 Auf vorgewärmte Schalen verteilen und sofort servieren.

Ingwergemüse

Für 4 Personen

1 EL frisch geriebene Ingwerwurzel

1 TL gemahlener Ingwer

1 EL Tomatenmark

2 EL Sonnenblumenöl

1 Knoblauchzehe, zerdrückt

2 EL Sojasauce

350 g Sojafleisch, gewürfelt

220 g Karotten, in Scheiben

4 Selleriestangen, in Scheiben

100 g grüne Bohnen, zerkleinert

1 rote Paprika, entkernt, in Streifen

Reis, als Beilage

1 Frischen und gemahlenen Ingwer, Tomatenmark, 1 Esslöffel Sonnenblumenöl, Knoblauch, Sojasauce und Sojafleisch in eine große Schüssel geben. Gut, aber behutsam vermengen, damit die Sojafleischwürfel nicht zerfallen. Abgedeckt 20 Minuten marinieren.

2 Das restliche Öl in einem vorgewärmten Wok erhitzen.

3 Das marinierte Sojafleisch in den Wok geben und 2 Minuten kurz anbraten.

4 Karotten, Sellerie, Bohnen und Paprika zufügen und 5 Minuten unter Rühren anbraten.

5 Das Pfannengericht auf vorgewärmte Schalen verteilen und sofort mit gekochtem Reis servieren.

TIPP

Kühl und trocken gelagert hält sich Ingwer mehrere Wochen lang. Man kann ihn auch einfrieren.

Paprikagemüse mit Wasserkastanien

Für 4 Personen

220 g Porree

Öl, zum Frittieren

3 EL Erdnussöl

je 1 gelbe, grüne und rote Paprika,
entkernt und gewürfelt

200 g Wasserkastanien aus der
Dose, abgetropft und in Scheiben
geschnitten

2 Knoblauchzehen, zerdrückt

3 EL helle Sojasauce

1 Den Porree mit einem Messer in
dünne Streifen schneiden.

2 Das Frittieröl in einem vorgewärmten Wok erhitzen.

3 Die Porreestreifen darin 2–3 Minuten anbraten, bis sie knusprig
sind. Den Porree beiseite stellen.

4 Das überschüssige Öl abgießen,
anschließend das Erdnussöl im
Wok erhitzen.

TIPP

Mit 1 Esslöffel Hoisin-Sauce in
Schritt 6 wird das Gericht noch
würziger und aromatischer.

5 Die Paprikawürfel zugeben und
bei starker Hitze ca. 5 Minuten
unter ständigem Rühren anbraten, bis
sie gebräunt sind.

6 Wasserkastanien, Knoblauch und
Sojasauce untermischen und alles
weitere 2–3 Minuten pfannenrühren.

7 Das Paprikagemüse auf vorgewärmte Teller verteilen. Das fertige
Gericht mit den frittierten Porreestreifen
garnieren.

Pikante Auberginenpfanne

Für 4 Personen

3 EL Erdnussöl

2 Zwiebeln, in Ringen

2 Knoblauchzehen, gehackt

2 Auberginen, gewürfelt

2 rote Chillies, entkernt und gehackt

2 EL brauner Zucker

6 Frühlingszwiebeln, in Ringen

3 EL Mango-Chutney

Öl, zum Frittieren

2 Knoblauchzehen, in dünnen
  Scheiben, zum Garnieren

1 Das Erdnussöl in einem vorgewärmten großen Wok bis zum
Rauchen erhitzen.

2 Zwiebeln und Knoblauch in den
Wok geben. Gut umrühren.

3 Auberginen und Chillies zufügen
und 5 Minuten pfannenrühren.

4 Zucker, Frühlingszwiebeln und
Mango-Chutney unterrühren.

5 Hitze reduzieren, den Wok
abdecken und das Gericht unter
gelegentlichem Rühren 15 Minuten
köcheln, bis die Auberginen gar sind.

6 Das Gericht auf Schalen verteilen
und warm stellen.

7 Das Frittieröl im Wok erhitzen, die
Knoblauchscheiben darin kurz
anbraten und über das Gemüse
streuen. Sofort servieren.

TIPP

Der Schärfegrad von Chillies
variiert stark, darum mit Vorsicht
verwenden. Faustregel:
je kleiner, desto schärfer.
Brennend scharf sind die Kerne,
die deshalb am besten entfernt
werden.

Gemüsepfanne

Für 4 Personen

3 EL Olivenöl

8 Perlzwiebeln, halbiert

1 Aubergine, gewürfelt

220 g Zucchini, in Scheiben

220 g offene Pilze, halbiert

2 Knoblauchzehen, zerdrückt

400 g Tomaten aus der Dose,
    gehackt

2 EL roter Pesto

2 EL Sojasauce

1 TL Sesamöl

1 EL chinesischer Reiswein

frisch gemahlener schwarzer Pfeffer

frische Basilikumblätter, zum
    Garnieren

1 Das Olivenöl in einem vorge-
    wärmten großen Wok erhitzen.

2 Perlzwiebeln und Aubergine in
    den Wok geben und 5 Minuten
pfannenrühren, bis das Gemüse goldbraun, aber noch bissfest ist.

3 Zucchini, Pilze, Knoblauch, Toma-
    ten und Pesto zufügen und ca.
5 Minuten weiterrühren. Bei reduzierter
Hitze 10 Minuten köcheln.

4 Sojasauce, Sesamöl und Reiswein
    zugeben, alles kurz aufkochen
und 1 Minute köcheln.

5 Das Gemüse mit Pfeffer bestreuen
    und mit frischen Basilikumblättern
garnieren. Sofort servieren.

TIPP

Basilikum ist sehr geschmacks-
intensiv und passt daher gut in
chinesische Gerichte. Statt
Basilikum nur als Garnierung zu
verwenden, können Sie auch
eine Hand voll Basilikumblätter in
Schritt 4 zugeben und verrühren.

Thailändische Kartoffelpfanne

Für 4 Personen

1 kg fest kochende Kartoffeln

2 EL Pflanzenöl

1 gelbe Paprika, gewürfelt

1 rote Paprika, gewürfelt

1 Karotte, in Stiften

1 Zucchini, in Stiften

2 Knoblauchzehen, zerdrückt

1 rote Chili, in Ringen

1 Bund Frühlingszwiebeln, längs
   halbiert

125 ml Kokosmilch

1 TL frisch gehacktes Zitronengras

2 TL Limettensaft

geriebene Schale von 1 Limette

1 EL frisch gehackter Koriander

1 Die Kartoffeln in kleine Würfel schneiden.

2 In einem Topf mit kochendem Wasser die Kartoffeln 5 Minuten garen. Abgießen und gut abtropfen lassen.

3 Das Öl in einem Wok oder einer großen Pfanne bis zum Rauchen erhitzen.

4 Kartoffeln, Paprika, Karotte, Zucchini, Knoblauch und Chili zufügen und 2–3 Minuten dünsten.

5 Frühlingszwiebeln, Kokosmilch, Zitronengras und Limettensaft zugeben, gut vermischen und unter Rühren weitere 5 Minuten dünsten.

6 Limettenschale und Koriander einrühren, 1 weitere Minute unter Rühren garen und sofort servieren.

TIPP

Achten Sie darauf, die Kartoffeln in Schritt 2 nicht zu sehr durchzugaren, damit sie beim Pfannenrühren nicht zerfallen.

Gemüse mit Erdnüssen & Ei

Für 4 Personen

2 Eier

220 g Karotten

350 g Weißkohl

2 EL Öl

1 rote Paprika, entkernt und in
    dünne Streifen geschnitten

150 g Bohnensprossen

1 EL Tomatenketchup

2 EL Sojasauce

75 g gesalzene Erdnüsse, gehackt

1 In einem kleinen Topf mit kochendem Wasser die Eier ca. 7 Minuten
kochen. Herausnehmen und mit kaltem
Wasser abschrecken. Die Eier pellen und
in Viertel teilen, beiseite stellen.

2 Die Karotten schälen und grob
raspeln.

3 Den Weißkohl mit einem Messer
in schmale Streifen schneiden.

4 Das Öl in einem vorgewärmten
großen Wok erhitzen.

5 Karotten, Weißkohl und Paprika
zugeben und 3 Minuten pfannenrühren.

6 Die Bohnensprossen zufügen und
weitere 2 Minuten rühren.

7 Tomatenketchup, Sojasauce sowie
Erdnüsse zufügen und alles
nochmals 1 Minute pfannenrühren.

8 Das fertige Gemüse auf vorgewärmte Teller verteilen und mit
den Eivierteln garnieren. Heiß
servieren.

Pak Choi mit roten Zwiebeln

Für 4 Personen

2 rote Zwiebeln

175 g Rotkohl

2 EL Erdnussöl

220 g Pak Choi

2 EL Pflaumensauce

100 g Cashewkerne, geröstet

VARIATION

Statt Cashewkernen sind auch ungesalzene Erdnüsse geeignet. Falls Pak Choi nicht erhältlich sein sollte, können Sie auch Spinat oder Chinakohl für dieses Gericht verwenden.

1 Die roten Zwiebeln in dünne Spalten und den Kohl in dünne Streifen schneiden.

2 Das Erdnussöl in einem vorgewärmten großen Wok erhitzen.

3 Die Zwiebeln in den Wok geben und ca. 5 Minuten pfannenrühren, bis sie weich sind.

4 Den Rotkohl zufügen und weitere 2–3 Minuten pfannenrühren, bis sie bräunen.

5 Den Pak Choi in den Wok geben und erneut 5 Minuten rühren, bis die Blätter zusammenfallen.

6 Die Pflaumensauce über das Gemüse träufeln, gut vermengen und weitergaren, bis die Sauce aufkocht.

7 Das Gericht mit Cashewkernen bestreuen und auf vorgewärmte Schalen verteilen. Sofort servieren.

Gemüsepfanne mit Nüssen

Für 4 Personen

125 g ungesalzene geröstete
  Erdnüsse

2 TL scharfe Chilisauce

175 ml Kokosmilch

2 EL dunkle Sojasauce

1 EL gemahlener Koriander

1 Prise gemahlene Kurkuma

1 EL dunkler Rohrzucker

3 EL Sesamöl

4 Schalotten, fein gehackt

1 Knoblauchzehe, fein gehackt

1 rote Chili, entkernt und in dünnen
  Ringen

1 große Karotte, in Stiften

je 1 gelbe und 1 rote Paprika, in
  Streifen

1 Zucchini, in Stiften

125 g Zuckererbsen

7,5-cm-Stück Gurke, in Stiften

250 g Austernpilze

250 g Esskastanien aus der Dose,
  abgegossen

2 TL frisch geriebene Ingwerwurzel

fein geriebene Schale und Saft von
  1 Limette

1 EL frisch gehackter Koriander

Salz und Pfeffer

Limettenscheiben, zum Garnieren

1 Für die Erdnusssauce die Erdnüsse im Mixer zerkleinern oder sehr fein hacken. Mit Chilisauce, Kokosmilch, Sojasauce, Koriander, Kurkuma und Zucker in einen kleinen Topf geben. Langsam erhitzen und 3–4 Minuten köcheln. Warm halten und beiseite stellen.

2 Das Sesamöl in einem vorgewärmten Wok erhitzen. Schalotten, Knoblauch und Chillies zugeben und 2 Minuten anbraten.

3 Karotten, Paprika, Zucchini und Zuckererbsen in den Wok geben und weitere 2 Minuten anbraten.

4 Gurke, Pilze, Esskastanien, Ingwer, Limettenschale und -saft sowie Koriander in den Wok geben und ca. 5 Minuten scharf anbraten, bis das Gemüse knusprig und trotzdem bissfest ist. Mit Salz und Pfeffer abschmecken.

5 Auf vorgewärmte Teller verteilen und mit Limettenscheiben garnieren. Die Erdnusssauce in eine Servierschüssel füllen und zusammen mit dem Gemüse servieren.

Grüne Bohnen mit Tomaten

Für 4 Personen

500 g grüne Bohnen, in 5 cm lange
    Stücke geschnitten

2 EL Ghee

2,5-cm-Stück Ingwerwurzel,
    gerieben

1 Knoblauchzehe, zerdrückt

1 TL Kurkuma

½ TL Cayennepfeffer

1 TL gemahlener Koriander

4 Tomaten, abgezogen, entkernt
    und in Würfel geschnitten

150 ml Gemüsebrühe

1 Bohnen kurz in kochendem Wasser blanchieren, abgießen, abschrecken und wieder abtropfen lassen.

2 Ghee in einem Wok bei mittlerer Hitze zerlassen. Ingwer und Knoblauch zugeben und verrühren. Kurkuma, Cayennepfeffer und Koriander zufügen. Bei schwacher Hitze ca. 1 Minute garen.

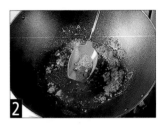

3 Tomaten zugeben, darin schwenken, bis sie vollständig mit der Gewürzmischung überzogen sind.

4 Gemüsebrühe in den Wok geben, zum Kochen bringen und bei mittlerer Hitze unter gelegentlichem Rühren ca. 10 Minuten kochen, bis die Sauce eindickt.

5 Bohnen zugeben, auf mittlere Hitze reduzieren und unter ständigem Rühren 5 Minuten erhitzen, bis sie heiß sind.

6 In eine Servierschüssel geben und sofort servieren.

Zucchini-Curry

Für 4 Personen

6 EL Öl

1 Zwiebel, fein gehackt

3 grüne Chillies, fein gehackt

1 TL gehackte Ingwerwurzel

1 EL zerdrückter Knoblauch

1 TL Chilipulver

500 g Zucchini

2 Tomaten, in Scheiben

frische Korianderblätter, zum
 Würzen und Garnieren

2 TL Bockshornkleesamen

Salz (nach Belieben)

Chapati-Brot, zum Servieren

TIPP

Statt Bockshornkleesamen
können auch Koriandersamen
verwendet werden.

1 Das Öl im Wok erhitzen. Zwiebel, Chillies, Ingwer, Knoblauch und Chilipulver unter Rühren scharf anbraten und bei reduzierter Hitze 2–3 Minuten braten, bis die Zwiebel gerade weich wird.

2 Zucchini und Tomaten zufügen und unter Rühren 5–7 Minuten anbraten.

3 Koriander, Bockshornklee und Salz zugeben und das Gemüse weitere 5 Minuten weich braten.

4 Den Wok vom Herd nehmen und das Gemüse auf Teller verteilen. Mit Korianderblättern garnieren und heiß mit Chapati-Brot servieren.

Grünes Wokgemüse

2 EL Erdnussöl

2 Knoblauchzehen, zerdrückt

$^1\!/_2$ TL gemahlener Sternanis

1 TL Salz

350 g Pak Choi, geschnitten

220 g junger Spinat

25 g Zuckererbsen

1 Selleriestange, in Scheiben

1 grüne Paprika, entkernt und in
    Streifen geschnitten

50 ml Gemüsebrühe

1 TL Sesamöl

TIPP

Sternanis ist ein beliebtes Gewürz
in der chinesischen Küche. Die
dekorative Frucht dient oft auch
als Garnierung. Das Aroma erin-
nert an Süßholz, ist aber würziger
und kräftiger. Getrockneter Sternanis ist Bestandteil des chinesischen Fünf-Gewürze-Pulvers.

1 Das Öl in einem vorgewärmten
Wok bis zum Rauchen erhitzen.

2 Den Knoblauch 30 Sekunden
unter Rühren anbraten. Sternanis,
Salz, Pak Choi, Spinat, Zuckererbsen,
Sellerie und Paprika zugeben und alles
3–4 Minuten pfannenrühren.

3 Die Brühe zugießen und alles
abgedeckt 3–4 Minuten kochen.
Das Sesamöl zugeben und gut mit dem
Gemüse verrühren, dann vom Herd
nehmen.

4 Das Gemüse auf einer vorgewärmten Platte anrichten. Sofort
servieren.

Pfannengemüse der Saison

Für 4 Personen

1 rote Paprika, entkernt

125 g Zucchini

125 g Blumenkohl

125 g Stangenbohnen

3 EL Pflanzenöl

ein kleines Stück Ingwerwurzel, in
  dünnen Scheiben

½ TL Salz

½ TL Zucker

1–2 EL Gemüsebrühe oder Wasser

1 EL helle Sojasauce

einige Tropfen Sesamöl (nach
  Belieben)

1 Die Paprika mit einem scharfen
Messer in kleine Stücke, die
Zucchini in dünne Scheiben schneiden.
Den Blumenkohl putzen und in
Röschen teilen. Das Gemüse in etwa
gleich große Stücke zerteilen, damit
es gleichzeitig gar wird. Die grünen
Bohnen halbieren.

2 Das Pflanzenöl in einem vorge-
wärmten Wok oder einer großen
Pfanne erhitzen. Das Gemüse in den
Wok geben und zusammen mit dem
Ingwer 2 Minuten anbraten.

3 Salz und Zucker zugeben und weitere 1–2 Minuten braten. Ein
wenig Brühe oder Wasser zugeben,
wenn das Gemüse zu trocken wird.
Flüssigkeit nur hinzufügen, wenn unbedingt erforderlich.

4 Die Sojasauce und das Sesamöl
einrühren und schwenken, damit
das Gemüse davon überzogen wird.

5 Das fertige Gemüse auf einen vorgewärmten Servierteller geben
und sofort servieren.

Sommergemüsepfanne

Für 4 Personen

220 g Babykarotten

125 g Stangenbohnen

2 Zucchini

1 Bund große Frühlingszwiebeln

1 Bund Radieschen

4 EL Butter

2 EL helles Olivenöl

2 EL Weißweinessig

4 EL trockener Weißwein

1 TL Zucker

1 EL frisch gehackter Estragon

Salz und Pfeffer

Estragonzweige, zum Garnieren

3 Inzwischen Olivenöl, Essig, Weißwein und Zucker in kleinem Topf bei schwacher Hitze erhitzen. Rühren, bis der Zucker aufgelöst ist. Vom Herd nehmen und Estragon unterrühren.

4 Wenn das Gemüse gar ist, das Dressing darüber gießen. Gut unterheben, damit das Gemüse vollständig überzogen ist. In eine vorgewärmte Servierschüssel geben. Mit frischen Estragonzweigen garnieren und sofort servieren.

1 Karotten längs halbieren, Bohnen und Zucchini in Scheiben schneiden, Frühlingszwiebeln und Radieschen halbieren, sodass sämtliches Gemüse in gleich große Stücke zerteilt ist.

2 Butter in einer großen Pfanne zerlassen. Gemüse zugeben und bei mittlerer Hitze unter häufigem Rühren braten, bis es weich ist, aber noch bissfest.

Brokkoli mit Ingwer & Orange

Für 4 Personen

750 g Brokkoli

1 kleines Stück Ingwerwurzel

2 Knoblauchzehen

1 Orange

2 TL Speisestärke

1 EL helle Sojasauce

1/2 TL Zucker

2 EL Pflanzenöl

VARIATION

Dieses Gericht können Sie nach Belieben auch mit Blumenkohl oder einer Mischung aus Blumenkohl und Brokkoli zubereiten.

---

1 Den Brokkoli in kleine Röschen zerteilen. Die Stiele schälen und in dünne Scheiben schneiden.

2 Die Ingwerwurzel in dünne Streifen und den Knoblauch in Scheiben schneiden.

3 Von der Orange 2 lange Streifen abschälen und in feine Streifen schneiden. Die Orangenstreifen in eine

Schüssel mit kaltem Wasser legen und beiseite stellen.

4 Den Saft aus der Orange pressen und mit Stärkemehl, Sojasauce, Zucker und 4 Esslöffeln Wasser gut verrühren.

5 Das Pflanzenöl in einem vorgewärmten Wok erhitzen. Die Brokkolistiele zugeben und 2 Minuten anbraten.

6 Ingwer, Knoblauch und Brokkoliröschen zufügen und alles weitere 3 Minuten anbraten.

7 Die Orangensaucen-Mischung in den Wok einrühren und unter ständigem Rühren garen, bis sie angedickt ist und den Brokkoli überzieht.

8 Die Orangenschalenstreifen abgießen und unter den Brokkoli mischen. Sofort servieren.

Reis & Nudeln

Reis und Nudeln sind Grundnahrungsmittel im Fernen Osten – billig, reichlich vorhanden und außerdem nahr- und schmackhaft. Sie sind vielseitig verwendbar und daher Bestandteil jeder Mahlzeit. Häufig werden Reis- und Nudelgerichte als Beilagen gereicht, oder sie werden mit Fleisch, Gemüse und Fisch zu Hauptgerichten kombiniert. Pikante Gewürze und Saucen verleihen allen diesen Speisen ihr besonderes Aroma.

Gekochter Reis wird zu größeren Mahlzeiten als Beilage gereicht, die vor allem zwischen gehaltvollen, scharf gewürzten Gängen beruhigend auf den Magen wirkt. Die Nudelsorten und -formen unterscheiden sich von Land zu Land. Die aus Weizenmehl, Wasser und Ei hergestellten chinesischen Eiernudeln sind bei uns am weitesten verbreitet. Ob frisch oder getrocknet – sie lassen sich minutenschnell zubereiten und sind ideal für schnelle und einfache Gerichte.

Gebratener Reis auf chinesische Art

Für 4 Personen

700 ml Wasser

½ TL Salz

300 g Langkornreis

2 Eier

Salz und Pfeffer

4 TL kaltes Wasser

3 EL Sonnenblumenöl

4 Frühlingszwiebeln, in Ringen

1 rote, grüne oder gelbe Paprika,
  entkernt und in Streifen

3–4 Scheiben Frühstücksspeck

200 g Bohnensprossen

125 g Erbsen

2 EL Sojasauce (nach Belieben)

1 Das Wasser salzen und im Wok zum Kochen bringen. Den Reis in einem Sieb mit kaltem Wasser durchspülen, bis das Wasser klar ist. Gut abtropfen lassen und in das kochende Wasser geben. Umrühren, den Wok abdecken und ca. 12 Minuten köcheln. Den Deckel während dieser Zeit nicht abheben, da der Reis sonst in der angegebenen Zeit nicht gar wäre.

2 Deckel abnehmen, den Reis einmal gut durchrühren und auf einem Teller auskühlen und trocknen lassen.

3 Jedes Ei einzeln mit Salz und Pfeffer und 2 TL kaltem Wasser verquirlen. 1 EL Öl im Wok erhitzen. Das erste Ei im Wok leicht schwenken und stocken lassen. Dieses Omelett behutsam herausheben. Das zweite Omelett ebenso zubereiten. Die Omeletts einrollen und in Scheiben schneiden.

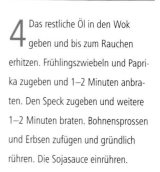

4 Das restliche Öl in den Wok geben und bis zum Rauchen erhitzen. Frühlingszwiebeln und Paprika zugeben und 1–2 Minuten anbraten. Den Speck zugeben und weitere 1–2 Minuten braten. Bohnensprossen und Erbsen zufügen und gründlich rühren. Die Sojasauce einrühren.

5 Reis und Gewürze untermischen und etwa 1 Minute braten. Die Omelettstreifen zugeben und weitere 2 Minuten ständig rühren, bis der Reis heiß ist. Sofort servieren.

Wurst-Risotto

Für 4 Personen

2 EL Erdnussöl

1 Zwiebel, in Ringen

2 Knoblauchzehen, zerdrückt

1 TL Fünf-Gewürze-Pulver

220 g chinesische Wurst, in
  Scheiben geschnitten

220 g Karotten, gewürfelt

1 grüne Paprika, gewürfelt

275 g Risottoreis, z. B. Arborio

850 ml Gemüse- oder Hühnerbrühe

1 EL Schnittlauchröllchen

TIPP

Die sehr würzige chinesische
Wurst besteht aus Schweinefett,
Schweinefleisch und Gewürzen.
Statt chinesischer Wurst können
Sie auch portugiesische
nehmen.

1 Das Erdnussöl in einem vorgewärmten großen Wok erhitzen.

2 Zwiebel, Knoblauch und Fünf-
Gewürze-Pulver zugeben und
1 Minute pfannenrühren.

3 Wurst, Karotten und Paprika zufügen und alles gut vermengen.

4 Den Reis zugeben und 1 Minute
pfannenrühren.

5 Nach und nach die Brühe in
3 Portionen zugießen, bis die
Flüssigkeit vollständig aufgesogen und
der Reis schließlich gar ist. Dabei
ständig rühren.

6 Mit der letzten Portion Brühe den
Schnittlauch unterrühren.

7 Den Risotto in vorgewärmte
Portionsschalen geben und sofort
servieren.

Kokosreis

Für 4 Personen

275 g Langkornreis

600 ml Wasser

¹/₂ TL Salz

100 ml Kokosmilch

25 g geröstete Kokosflocken

Kokosspäne, zum Garnieren

1 Den Reis unter fließendem kaltem Wasser so lange waschen, bis keine Stärke mehr enthalten ist und das Wasser klar bleibt. Dadurch wird verhindert, dass die Reiskörner beim Kochen zusammenkleben.

2 In ein Sieb geben und abtropfen lassen.

3 Reis und Wasser in einen Wok geben.

4 Salz und Kokosmilch zufügen und alles zum Kochen bringen.

5 Den Wok abdecken, Hitze reduzieren und 10 Minuten köcheln.

6 Den Deckel abnehmen und die Reiskörner mit einer Gabel auflockern – das Wasser muss vollständig aufgesogen und der Reis gar sein.

7 Den Kokosreis in eine vorgewärmte Servierschüssel füllen und mit Kokosspänen bestreuen. Sofort servieren.

TIPP

Kokosmilch ist nicht die Fruchtflüssigkeit – sie wird aus dem weißen Kokosfleisch gewonnen, das in Wasser und Milch eingeweicht und dann ausgepresst wird, sodass ein Konzentrat entsteht.

Krebsreis

Für 4 Personen

220 g Rundkornreis

1,5 l Fischfond

½ TL Salz

100 g chinesische Wurst, in dünnen
Scheiben

220 g weißes Krebsfleisch

6 Frühlingszwiebeln, in Ringen

2 EL frisch gehackter Koriander

schwarzer Pfeffer

TIPP

Kaufen Sie das Krebsfleisch möglichst frisch, ersatzweise tiefgefrorene Ware oder Konserven.
Der delikat-milde Krebsge-
schmack verflüchtigt sich rasch,
deshalb bevorzugen chinesische
Köche lebende Krebse. In West-
europa werden Krebse jedoch
vorwiegend gegart verkauft.

1 Den Rundkornreis in einen vorgewärmten großen Wok geben.

2 Den Fischfond zugießen und
aufkochen.

3 Die Hitze reduzieren und 1 Stunde
garen, dabei häufig umrühren.

4 Salz, Wurst, Krebsfleisch, Frühlingszwiebeln und Koriander in
den Wok geben und ca. 5 Minuten
erhitzen.

5 Wenn der Reis zu fest wird, mit
zusätzlichem Wasser verdünnen.

6 Den fertigen Krebsreis auf vorgewärmte Schalen verteilen und
sofort servieren.

Zwiebelreis mit Huhn auf chinesische Art

Für 4 Personen

1 EL Fünf-Gewürze-Pulver

2 EL Speisestärke

350 g Hähnchenbrustfilet, gewürfelt

3 EL Erdnussöl

1 Zwiebel, gewürfelt

220 g Langkornreis

½ TL gemahlene Kurkuma

600 ml Hühnerbrühe

2 EL frisch gehackter Schnittlauch

TIPP

Vorsicht bei der Verwendung von Kurkuma, die auch als Gelbwurz bekannt ist: Dieses Gewürz färbt Hände und Kleidung gelb.

1 Fünf-Gewürze-Pulver und Speisestärke in eine große Schüssel geben. Das Hühnerfleisch zufügen und gründlich in der Mischung wenden.

2 In einem Wok 2 Esslöffel Erdnussöl erhitzen. Das panierte Hühnerfleisch zugeben und 5 Minuten unter ständigem Rühren anbraten. Aus dem Wok nehmen und beiseite stellen.

3 Das restliche Erdnussöl in den Wok geben.

4 Die Zwiebel zufügen und 1 Minute pfannenrühren.

5 Reis, Kurkuma und Hühnerbrühe in den Wok geben und zum Kochen bringen.

6 Das Hühnerfleisch wieder in den Wok geben. Hitze reduzieren und 10 Minuten köcheln, bis die Flüssigkeit verdunstet und der Reis gar ist.

7 Mit Schnittlauch bestreuen, umrühren und heiß servieren.

Eierreis mit würzigem Rindfleisch

Für 4 Personen

220 g Langkornreis

600 ml Wasser

350 g Rinderfilet

2 EL Sojasauce

2 EL Tomatenketchup

1 EL Sieben-Gewürze-Pulver

2 EL Erdnussöl

1 Zwiebel, gehackt

220 g Karotten, gewürfelt

100 g Erbsen

2 Eier

2 EL kaltes Wasser

VARIATION

Das Rindfleisch können Sie auch durch Schweinefilet oder Hühnerfleisch ersetzen.

---

1 Den Reis unter fließendem Wasser waschen und gründlich abtropfen lassen. Dann mit dem Wasser in einem Topf zum Kochen bringen, abdecken und 12 Minuten köcheln. Den fertigen Reis in eine Schüssel geben und abkühlen lassen.

2 Das Fleisch mit einem Messer in dünne Scheiben schneiden.

3 Sojasauce, Ketchup und Sieben-Gewürze-Pulver mischen. Dann die Fleischstücke gleichmäßig darin wenden.

4 Das Erdnussöl in einem vorgewärmten großen Wok erhitzen. Das Fleisch in den Wok geben und 3–4 Minuten scharf anbraten.

5 Zwiebel, Karotten und Erbsen zugeben und alles 2–3 Minuten pfannenrühren. Den gegarten Reis zufügen und mit den anderen Zutaten vermengen.

6 Die Eier mit dem kalten Wasser verquirlen. Über den Reis gießen und 3–4 Minuten mitgaren, bis die Eier stocken und der Reis wieder heiß ist. Das Gericht in eine vorgewärmte Servierschüssel geben. Sofort servieren.

Chinesischer Hühnchenreis

Für 4 Personen

350 g weißer Langkornreis

1 TL gemahlene Kurkuma

2 EL Sonnenblumenöl

350 g Hähnchenbrustfilet, in
Scheiben geschnitten

je 1 rote und 1 grüne Paprika,
entkernt und in Streifen

1 grüne Chili, entkernt und fein
gehackt

1 Karotte, geraspelt

150 g Bohnensprossen

6 Frühlingszwiebeln, in Ringen

2 EL Sojasauce

Frühlingszwiebeln, zum Garnieren

1 Reis und Kurkuma in einen Topf mit gesalzenem Wasser geben und ca. 10 Minuten garen, bis der Reis bissfest ist. Gründlich abtropfen lassen und zwischen einigen Lagen Küchenpapier das Restwasser ausdrücken.

2 Das Sonnenblumenöl in einem vorgewärmten Wok erhitzen.

3 Das Hühnerfleisch in den Wok geben und bei starker Hitze kurz anbräunen.

4 Paprika und Chili in den Wok geben und 2–3 Minuten pfannenrühren.

5 Den Reis portionsweise in den Wok geben und gründlich unterrühren.

6 Karotte, Bohnensprossen und Frühlingszwiebeln in den Wok geben und 2 Minuten pfannenrühren.

7 Die Sojasauce darüber träufeln und alles gut vermengen.

8 Das fertige Gericht auf eine Servierplatte geben, nach Belieben mit Frühlingszwiebeln garnieren und sofort servieren.

Gebratener Reis mit Eierschnecken

Für 4 Personen

2 EL Erdnussöl

1 Ei, mit 1 TL Wasser verquirlt

1 Knoblauchzehe, fein gehackt

1 kleine Zwiebel, fein gehackt

1 EL thailändische rote Currypaste

250 g Langkornreis, gegart

60 g Erbsen, gegart

1 EL Fischsauce

2 EL Tomatenketchup

2 EL frisch gehackter Koriander

GARNIERUNG

frische Chillies

Gurkenscheiben

1 Für die Chiliblüten-Garnierung die Chillies am Stiel anfassen und die Früchte mit einem scharfen Messer längs von der Spitze bis kurz vor den Stielansatz einschneiden. Die Frucht um 90° drehen und einen weiteren Schnitt ausführen. 4 Schnitte machen, dann die Kerne ausschaben. Jedes „Blütenblatt" weiter aufschneiden, sodass insgesamt 8–16 Streifen entstehen. In Eiswasser legen.

2 In einer Pfanne 1 Teelöffel Öl erhitzen. Die Eimischung zugießen und schwenken, um den Boden gleichmäßig zu bedecken. Goldbraun braten und aus der Pfanne nehmen. Aufrollen und beiseite legen.

3 Das restliche Erdnussöl in die Pfanne geben und Knoblauch und Zwiebel bei mittlerer Hitze 1 Minute anbraten. Die rote Currypaste zugeben, gegarten Reis und Erbsen einrühren.

4 Fischsauce und Ketchup zugeben. Die Pfanne vom Herd nehmen und die Reis-Erbsen-Mischung auf einer Platte anrichten.

5 Das gerollte Omelett in Streifen schneiden, auf den Reis legen und mit Gurkenscheiben und Chiliblüten garnieren. Heiß servieren.

Reis mit chinesischer Wurst

Für 4 Personen

350 g chinesische Wurst

2 EL Sonnenblumenöl

2 EL dunkle Sojasauce

1 Zwiebel, in Ringen

175 g Karotten, in Stiften

175 g Erbsen

100 g Ananasstücke aus der Dose,
    abgetropft

275 g Langkornreis, gekocht

1 Ei, verquirlt

1 EL frisch gehackte Petersilie

1 Die Wurst in dünne Scheiben schneiden.

2 Das Öl in einem Wok erhitzen. Die Wurstscheiben zugeben und 5 Minuten unter Rühren anbraten.

3 Die Sojasauce einrühren und 2–3 Minuten eindicken lassen.

4 Zwiebel, Karotten, Erbsen und Ananas in den Wok geben und 3 Minuten unter ständigem Rühren anbraten.

5 Den gegarten Reis in den Wok geben und 2–3 Minuten pfannenrühren, bis er durch und durch heiß ist.

6 Das Ei über den Reis geben und weiterrühren, bis es stockt.

7 Den fertigen Reis in eine vorgewärmte große Servierschüssel füllen und mit reichlich Petersilie bestreuen. Sofort servieren.

Süßer Schweinefleischtopf auf Reis

Für 4 Personen

450 g mageres Schweinefleisch

2 EL Sonnenblumenöl

2 EL süße Chilisauce

1 Zwiebel, in Ringen

175 g Karotten, in Stiften

175 g Zucchini, in Stiften

100 g Bambussprossen, abgetropft

275 g Langkornreis, gekocht

1 Ei, verquirlt

1 EL frisch gehackte Petersilie

süße Chilisauce, zum Servieren

TIPP

Wenn es besonders schnell gehen soll, können Sie ersatzweise tiefgefrorenes Gemüse unter den Reis mischen.

1 Das Schweinefleisch in dünne Scheiben schneiden.

2 Das Öl in einem vorgewärmten großen Wok erhitzen.

3 Die Fleischscheiben zugeben und 5 Minuten anbraten.

4 Die Chilisauce zufügen und 2–3 Minuten unter Rühren kochen, bis die Flüssigkeit eindickt.

5 Zwiebel, Karotten, Zucchini und Bambussprossen zugeben und 3 Minuten weiterrühren.

6 Den gekochten Reis zufügen und 2–3 Minuten pfannenrühren, bis der Reis heiß ist.

7 Das Ei über den Reis gießen und alle Zutaten so lange rühren, bis das Ei stockt.

8 Das fertige Gericht mit Petersilie bestreuen und sofort servieren. Süße Chilisauce dazu reichen.

Nudelsalat mit Kokos-Limetten-Dressing

Für 4 Personen

220 g getrocknete Eiernudeln

2 TL Sesamöl

1 Karotte

100 g Bohnensprossen

½ Gurke

2 Frühlingszwiebeln, in Ringen

150 g gegarte Putenbrust, in
  Streifen geschnitten

DRESSING

5 EL Kokosmilch

3 EL Limettensaft

1 EL helle Sojasauce

2 TL Fischsauce

1 TL Chiliöl

1 TL Zucker

2 EL frisch gehackter Koriander

2 EL frisch gehacktes Basilikum

GARNIERUNG

Erdnüsse

frisch gehacktes Basilikum

1 Die Nudeln in kochendem Wasser gemäß Packungsanweisung garen. Zum Abschrecken in eine Schüssel mit kaltem Wasser geben, dann abgießen und mit Sesamöl mischen.

2 Mit einem Sparschäler von der Karotte lange Streifen abschneiden. Die Karottenstreifen mit den Bohnensprossen in kochendem Wasser 30 Sekunden blanchieren, dann 30 Sekunden kalt abschrecken und abtropfen lassen. Mit dem Sparschäler lange Streifen von der Gurke abschneiden.

3 Karotten, Bohnensprossen, Gurke und Frühlingszwiebeln mit Putenbrust und Nudeln mischen.

4 Alle Zutaten für das Dressing in ein Schraubglas geben, verschließen und kräftig schütteln, bis alle Zutaten gut vermischt sind.

5 Dressing über die Nudeln geben und unterheben. Auf einer Servierplatte anrichten und mit Erdnüssen und Basilikum bestreuen. Kalt servieren.

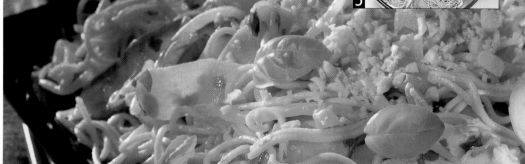

Nudeln mit Huhn & Austernsauce

Für 4 Personen

250 g Eiernudeln

450 g Hähnchenschenkel

2 EL Erdnussöl

100 g Karotten, in Scheiben

3 EL Austernsauce

2 Eier

3 EL kaltes Wasser

VARIATION

Statt mit Austernsauce können Sie die Eier in Schritt 6 auch mit Soja- oder Hoisin-Sauce würzen.

1 Die Eiernudeln in einen großen Topf geben. Mit kochendem Wasser bedecken und 10 Minuten beiseite stellen.

2 In der Zwischenzeit die Hähnchenschenkel enthäuten, entbeinen und das Fleisch in mundgerechte Stücke schneiden.

3 Das Erdnussöl in einem vorgewärmten großen Wok erhitzen.

4 Hähnchenfleisch und Karotten zugeben und ca. 5 Minuten anbraten, dabei ständig rühren.

5 Die Nudeln abtropfen lassen, in den Wok geben und ca. 2–3 Minuten weiterrühren, bis sie heiß sind.

6 Die Austernsauce mit den Eiern und dem kalten Wasser verquirlen. Die Mischung über die Nudeln träufeln und 2–3 Minuten weiterrühren, bis die Eier stocken.

7 Das fertige Gericht auf vorgewärmte Schalen verteilen und heiß servieren.

Ingwer-Rindfleisch mit frittierten Nudeln

Für 4 Personen

220 g Eiernudeln

350 g Rinderfilet

2 EL Sonnenblumenöl

1 TL gemahlener Ingwer

1 Knoblauchzehe, zerdrückt

1 rote Chili, entkernt und sehr fein
  gehackt

100 g Karotten, in dünne Stifte
  geschnitten

6 Frühlingszwiebeln, in Ringen

2 EL Limettenmarmelade

2 EL Sojasauce

Öl, zum Frittieren

1 Die Nudeln in eine große Schüssel
  geben. Mit kochendem Wasser
bedecken und ca. 10 Minuten beiseite
stellen.

2 Das Fleisch mit einem Messer in
  dünne Scheiben schneiden.

3 Das Öl in einem vorgewärmten
  großen Wok erhitzen.

4 Rindfleisch und Ingwer zufügen
  und ca. 5 Minuten pfannenrühren.

5 Knoblauch, Chili, Karotten und
  Frühlingszwiebeln in den Wok
geben und weitere 2–3 Minuten unter
Rühren mitgaren.

6 Limettenmarmelade und Sojasauce zufügen und 2 Minuten
mitkochen. Dann die Ingwer-Chili-Rind-
fleisch-Mischung aus dem Wok
nehmen und warm stellen.

7 Dann das Frittieröl in den Wok
  geben.

8 Die Nudeln gründlich abgießen
  und mit Küchenpapier gut
trockentupfen. Behutsam ins heiße Öl
tauchen und 2–3 Minuten knusprig
frittieren. Aus dem Öl heben und auf
Küchenpapier abtropfen lassen.

9 Die Nudeln auf vorgewärmte
  Teller verteilen und mit dem
Ingwer-Rindfleisch sofort servieren.

Garnelen-Nudeln nach Singapur-Art

Für 4 Personen

250 g dünne Reisnudeln

4 EL Erdnussöl

2 Knoblauchzehen, zerdrückt

2 rote Chillies, entkernt und sehr
  fein gehackt

1 TL geriebene Ingwerzwurzel

2 EL indische Currypaste

2 EL Reisessig

1 EL Zucker

220 g gekochter Schinken, in Streifen

100 g Wasserkastanien aus der
  Dose, in Scheiben

100 g Champignons, in Scheiben

100 g Erbsen

1 rote Paprika, entkernt und in
  dünnen Streifen

100 g gekochte Garnelen, ausgelöst

2 große Eier

4 EL Kokosmilch

25 g Kokosraspel

2 EL frisch gehackter Koriander

1 Die Reisnudeln in einem großen Topf mit kochendem Wasser ca. 10 Minuten einweichen. Die Nudeln gründlich abgießen und in 2 Esslöffeln Erdnussöl wenden.

2 Das restliche Erdnussöl in einen vorgewärmten großen Wok geben.

3 Knoblauch, Chillies, Ingwer, Currypaste, Essig und Zucker zugeben und 1 Minute pfannenrühren.

4 Schinken, Wasserkastanien, Pilze, Erbsen und Paprika zufügen und 5 Minuten mitgaren.

5 Nudeln und Garnelen zugeben und 2 Minuten mitbraten.

6 Die Eier mit der Kokosmilch verquirlen. Die Mischung in den Wok gießen und weiterrühren, bis die Eier stocken.

7 Kokosraspel und Koriander zufügen und gut verrühren. Das fertige Gericht auf vorgewärmte Portionsschalen verteilen und sofort servieren.

Pad-Thai-Nudeln

Für 4 Personen

250 g breite Reisnudeln

3 EL Erdnussöl

3 Knoblauchzehen, fein gehackt

125 g Schweinefilet, in kleine
   Stücke geschnitten

200 g gekochte Krabben, ausgelöst

1 EL Zucker

3 EL thailändische Fischsauce

1 EL Tomatenketchup

1 EL Limettensaft

2 Eier, verquirlt

125 g Bohnensprossen

GARNIERUNG

1 TL getrocknete rote Chiliflocken

2 Frühlingszwiebeln, in Ringen

2 EL frisch gehackter Koriander

1 Die Reisnudeln nach Packungsanweisung garen. Gut abtropfen
lassen und beiseite stellen.

2 Das Öl in einem Wok erhitzen.
Den Knoblauch zugeben und bei
starker Hitze 30 Sekunden braten. Das
Fleisch zugeben und 2–3 Minuten
unter Rühren rundum anbraten.

3 Die Krabben einrühren, Zucker,
Fischsauce, Ketchup und Limettensaft zugeben und 30 Sekunden braten.

4 Die Eier einrühren und braten, bis
sie zu stocken beginnen. Die
Nudeln zugeben, dann die Bohnensprossen zufügen und unter Rühren
erhitzen.

5 Auf einer Servierplatte anrichten,
mit Chiliflocken, Frühlingszwiebeln und gehacktem Koriander garnieren. Sofort servieren.

TIPP

Die Nudeln gut abtropfen lassen.
Wenn sie zu feucht sind, geht der
knackige Biss des Gerichts
verloren.

Gebratener Reis mit Garnelen

Für 4 Personen

300 g Langkornreis

2 Eier

4 TL kaltes Wasser

3 EL Sonnenblumenöl,

4 Frühlingszwiebeln, diagonal in
feine Ringe geschnitten

1 Knoblauchzehe, zerdrückt

125 g kleine Champignons, in
Scheiben

2 EL Austern- oder Sardellensauce

200 g Wasserkastanien aus der
Dose, in Scheiben

250 g gekochte Garnelen, ausgelöst
und mit Schwanzende

Salz und Pfeffer

gehackte Brunnenkresse, zum
Garnieren

1 Einen Topf mit leicht gesalzenem Wasser zum Kochen bringen. Reis hineingeben, aufkochen und bei schwacher Hitze ca. 15–20 Minuten weich garen. Abgießen, mit frisch gekochtem Wasser abspülen, gut abtropfen lassen. Warm halten.

2 Die beiden Eier separat mit je 2 Teelöffeln kaltem Wasser sowie Salz und Pfeffer verquirlen.

3 2 Teelöffel Sonnenblumenöl im Wok stark erhitzen. Ein Ei hineingeben, Wok schwenken, damit es verläuft. Ohne Umrühren stocken lassen, herausnehmen und auf einen Teller geben. Das zweite Ei ebenso zubereiten. Omeletts in 2,5 cm große Quadrate schneiden.

4 Restliches Öl im Wok stark erhitzen. Frühlingszwiebeln und Knoblauch hineingeben und 1 Minute anbraten. Champignons zugeben und 2 Minuten mitgaren.

5 Austern- oder Sardellensauce unterrühren, abschmecken. Wasserkastanien und Garnelen zugeben, unter Rühren 2 Minuten garen.

6 Gekochten Reis untermengen, unter Rühren 1 Minute miterhitzen. Omelettquadrate zugeben und alles unter Rühren 1–2 Minuten stark erhitzen. Mit Brunnenkresse garnieren und sofort servieren.

Knusprige Reisnudeln

Für 4 Personen

200 g Vermicelli

Öl, zum Frittieren und Braten

1 Zwiebel, fein gehackt

4 Knoblauchzehen, fein gehackt

1 Hähnchenbrustfilet, gehackt

2 frische kleine rote Chillies,
   entkernt und in Ringen

4 EL getrocknete Shiitake-Pilze,
   eingeweicht und in Scheiben

3 EL getrocknete Krabben

4 Frühlingszwiebeln, in Ringen

3 EL Limettensaft

2 EL Sojasauce

2 EL Fischsauce

2 EL Reisessig

2 EL Palmzucker

2 Eier, verquirlt

3 EL frisch gehackter Koriander

Frühlingszwiebel-Streifen, zum
   Garnieren

1 Die Nudeln 10 Minuten in Wasser einweichen und gut abtropfen lassen. Das Frittieröl in einem Wok erhitzen. Die Nudeln zugeben und frittieren, dabei gelegentlich wenden, bis sie knusprig und hellbraun sind. Zum Abtropfen auf Küchenpapier legen.

2 Im Wok 1 Esslöffel Öl erhitzen, Zwiebel und Knoblauch 1 Minute darin anbraten. Fleisch zugeben, 3 Minuten pfannenrühren. Chillies, Pilze, Krabben und Frühlingszwiebeln zugeben.

3 Limettensaft, Sojasauce, Fischsauce, Reisessig und Zucker vermischen, in den Wok geben und 1 Minute kochen lassen. Vom Herd nehmen.

4 Öl in einer Pfanne erhitzen. Die Eier eingießen und schwenken, um den Boden gleichmäßig zu bedecken. Ein dünnes Omelett braten.

Aus der Pfanne heben und aufrollen, dann in schmale Streifen schneiden.

5 Nudeln, Fleischmischung, Koriander und Omelettstreifen mischen. Mit Frühlingszwiebel-Streifen garnieren und sofort heiß servieren.

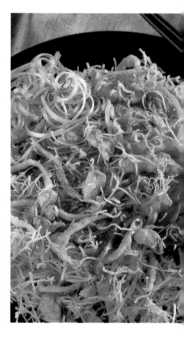

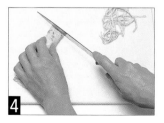

Zweifach gegartes Lamm mit Nudeln

Für 4 Personen

250 g Eiernudeln

450 g Lammfilet, in dünnen
 Scheiben

2 EL Sojasauce

2 EL Sonnenblumenöl

2 Knoblauchzehen, zerdrückt

1 EL Zucker

2 EL Austernsauce

175 g junger Spinat

TIPP

Wenn Sie getrocknete Eiernudeln
verwenden, folgen Sie den
Packungsangaben.

1 Die Eiernudeln in eine große Schüssel geben. Mit kochendem Wasser bedecken und ca. 10 Minuten einweichen.

2 In einem großen Topf Wasser zum Kochen bringen. Das Lammfleisch darin 5 Minuten garen. Gut abtropfen lassen.

3 Das Fleisch in eine Schüssel geben und in einer Marinade aus Sojasauce und 1 Esslöffel Sonnenblumenöl wenden.

4 Das restliche Öl in einem vorgewärmten großen Wok erhitzen.

5 Mariniertes Fleisch und Knoblauch in den Wok geben und 5 Minuten unter ständigem Rühren anbräunen.

6 Dann Zucker und Austernsauce einrühren.

7 Die Nudeln gründlich abtropfen lassen. In den Wok geben und 5 Minuten mitgaren.

8 Den Spinat zufügen und 1 Minute mitgaren, bis die Blätter zusammenfallen. Das fertige Gericht in vorgewärmte Schalen füllen und heiß servieren.

Chinesischer Gemüsereis

Für 4 Personen

350 g Langkornreis

1 TL gemahlene Kurkuma

2 EL Sonnenblumenöl

220 g Zucchini, in Scheiben

je 1 rote und grüne Paprika,
    entkernt und in Streifen

1 grüne Chili, entkernt und fein
    gehackt

1 Karotte, grob geraspelt

150 g Bohnensprossen

6 Frühlingszwiebeln, in Ringen

2 EL Sojasauce

Frühlingszwiebeln, in Ringen, zum
    Garnieren

TIPP

Statt Kurkuma einige in kochendem Wasser eingeweichte
Safranfäden verwenden.

1 Reis und Kurkuma in leicht gesalzenem Wasser zum Kochen bringen. Hitze reduzieren und den Reis köcheln, bis er gar ist. Dann gründlich abspülen, auf eine doppelte Lage Küchenpapier geben und das Restwasser ausdrücken.

2 Das Sonnenblumenöl in einem vorgewärmten Wok erhitzen.

3 Dann die Zucchini in den Wok geben und ca. 2 Minuten pfannenrühren.

4 Paprika und Chili zufügen und weitere 2–3 Minuten rühren.

5 Nach und nach den gekochten Reis zum Gemüse geben und gut unterheben.

6 Karotte, Bohnensprossen und Frühlingszwiebeln in den Wok geben und alles unter Rühren weitere 2–3 Minuten braten.

7 Mit Sojasauce beträufeln und mit Frühlingszwiebelringen garniert sofort servieren.

Thailändische Nudelpuffer

Für 4 Personen

125 g Vermicelli

2 Frühlingszwiebeln, in Ringen

1 Stängel Zitronengras, in Ringen

3 EL frisch geraspelte Kokosnuss

Salz und Pfeffer

Öl, zum Braten

ZUM SERVIEREN

100 g Bohnensprossen

1 kleine rote Zwiebel, in Ringen

1 Avocado, in Scheiben

2 EL Limettensaft

2 EL chinesischer Reiswein

1 TL Chilisauce

ganze rote Chillies, zum Garnieren

1 Die Nudeln in kurze Stücke brechen und gemäß Packungsanweisung in heißem Wasser einweichen. Abtropfen lassen und mit Küchenpapier abtupfen.

2 Nudeln, Frühlingszwiebeln, Zitronengras und Kokosnuss vermengen. Mit Salz und Pfeffer würzen.

3 Etwas Öl in einer Pfanne stark erhitzen. Eine runde Ausstechform (9 cm Ø) leicht mit Öl bestreichen und in die Pfanne setzen. Etwas Nudelmischung in die Form geben, sodass der Boden gerade bedeckt ist. Mit der Rückseite eines Löffels andrücken.

4 Die Nudelmasse 30 Sekunden braten, dann die Form vorsichtig entfernen und das Rösti goldbraun braten. Wenden und kurz die andere Seite braten. Auf Küchenpapier abtropfen. Den restlichen Teig ebenso verarbeiten, um 12 Stück zu erhalten.

5 Die Nudelrösti abwechselnd mit Bohnensprossen, Zwiebel und Avocado aufschichten. Limettensaft, Reiswein und Chilisauce verrühren und unmittelbar vor dem Servieren über die Rösti gießen. Mit ganzen roten Chillies garnieren.

Reisnudeln mit Spinat

Für 4 Personen

- 120 g breite Reisnudeln
- 2 EL getrocknete Krabben
- 250 g junger Spinat
- 1 EL Erdnussöl
- 2 Knoblauchzehen, fein gehackt
- 2 TL thailändische grüne Currypaste
- 1 TL Zucker
- 1 EL helle Sojasauce

TIPP

Verwenden Sie möglichst jungen Spinat, weil er zart ist und schnell gart. Größere Blätter müssen vor der Zubereitung in Stücke gezupft werden, damit sie schneller gar werden.

1 Die Nudeln in heißem Wasser gemäß Packungsanweisung einweichen, dann gut abtropfen lassen.

2 Die Krabben in heißem Wasser 10 Minuten einweichen und gut abtropfen lassen.

3 Den Spinat waschen, abtropfen lassen und harte Stiele entfernen.

4 Das Öl in einem Wok oder einer großen Pfanne erhitzen. Den Knoblauch bei mittlerer Hitze 1 Minute pfannenrühren. Die Currypaste zugeben und etwa 30 Sekunden unter Rühren mitbraten. Die eingeweichten Krabben zugeben und unter Rühren weitere 30 Sekunden braten.

5 Den Spinat zugeben und unter Rühren 1–2 Minuten garen, bis die Blätter gerade zusammenfallen.

6 Zucker und Sojasauce einrühren, dann die Nudeln zugeben und alles gut vermischen. Sofort heiß servieren.

243

Nudeln mit würzigem Hackfleisch

Für 4 Personen

170 g breite Reisnudeln

2 EL Öl

1 Knoblauchzehe, zerdrückt

2 kleine grüne Chillies, gehackt

1 kleine Zwiebel, in Ringen

150 g mageres Schweinehack

1 kleine grüne Paprika, entkernt und
   in kleine Stücke geschnitten

4 Kaffir-Limetten-Blätter, in Streifen

1 EL helle Sojasauce

1 EL dunkle Sojasauce

$1/2$ TL Zucker

1 Tomate, in dünnen Spalten

2 EL in Streifen geschnittene
   Basilikumblätter, zum Garnieren

ZUM SERVIEREN

grüner Salat

Radieschen

1 Die Reisnudeln in heißem Wasser gemäß Packungsanweisung einweichen. Gut abtropfen lassen.

2 Das Öl in einem Wok erhitzen und Knoblauch, Chillies und Zwiebel etwa 1 Minute pfannenrühren.

3 Schweine- oder Hühnerfleisch zugeben und bei starker Hitze 1 Minute pfannenrühren. Die Paprika einrühren und 2 Minuten mitbraten.

4 Kaffir-Limettenblätter, helle und dunkle Sojasauce, Zucker, Nudeln und Tomaten einrühren, durchwärmen.

5 Mit Basilikum bestreuen und mit Salat und Radieschen servieren.

TIPP

Frische Kaffir-Limetten-Blätter lassen sich gut einfrieren. Kaufen Sie ruhig welche auf Vorrat. Im Gefrierbeutel halten sie sich etwa 1 Monat. Die Blätter können tiefgefroren verwendet werden.

Nudeln mit Krabben & Chili

Für 4 Personen

2 EL helle Sojasauce

1 EL Zitronen- oder Limettensaft

1 EL Fischsauce

125 g fester Tofu, gewürfelt

125 g Glasnudeln

2 EL Sonnenblumenöl

4 Schalotten, fein gehackt

2 Knoblauchzehen, zerdrückt

1 kleine rote Chili, entkernt und
    klein geschnitten

2 Selleriestangen, in Ringen

2 Karotten, in dünnen Scheiben

125 g gekochte Krabben, ausgelöst

60 g Bohnensprossen

ZUM GARNIEREN

Sellerieblätter

frische Chillies

1 Sojasauce, Limetten- oder Zitronensaft und Fischsauce in einer kleinen Schüssel verrühren. Die Tofuwürfel zugeben und in der Flüssigkeit schwenken, bis sie vollständig davon überzogen sind. Abdecken, 15 Minuten beiseite stellen und ziehen lassen.

2 Die Nudeln in eine große Schüssel geben und mit reichlich warmem Wasser übergießen. Etwa 5 Minuten einweichen, dann abgießen und gut abtropfen lassen.

3 Das Öl in einem Wok oder einer großen Pfanne erhitzen. Schalotten, Knoblauch und Chili zugeben und 1 Minute anbraten.

4 Stangensellerie und Karotten in den Wok geben und alles weitere 2–3 Minuten anbraten.

5 Die abgetropften Nudeln in den Wok füllen und unter Rühren 2 Minuten garen. Dann Krabben, Bohnensprossen und Tofu mit der Soja-saucen-Mischung vermengen. Bei mittlerer Hitze 2–3 Minuten garen, bis alle Zutaten heiß sind.

6 In eine Servierschüssel umfüllen und mit Sellerieblättern und Chillies garnieren.

Glasnudeln mit Garnelen & Paprika

Für 4 Personen

175 g Glasnudeln

1 EL Öl

1 Knoblauchzehe, zerdrückt

2 TL frisch geriebene Ingwerwurzel

24 gekochte Riesengarnelen, ausgelöst

1 rote Paprika, entkernt und in dünne Streifen geschnitten

1 grüne Paprika, entkernt und in dünne Streifen geschnitten

1 Zwiebel, gehackt

2 EL helle Sojasauce

Saft von 1 Orange

2 TL Weißweinessig

1 Prise brauner Zucker

150 ml Fischfond

1 EL Speisestärke

2 TL Wasser

Orangenspalten, zum Garnieren

1 Die Nudeln 1 Minute in kochendem Wasser garen, abgießen, kalt abspülen und gut abtropfen lassen.

2 Das Öl in einem Wok erhitzen, Knoblauch und Ingwer darin 30 Sekunden unter Rühren anbraten.

3 Die Garnelen zugeben und 2 Minuten unter Rühren anbraten. Herausnehmen und warm halten.

4 Paprika und Zwiebel 2 Minuten pfannenrühren. Sojasauce, Orangensaft, Essig, Zucker und Fond einrühren. Die Garnelen wieder zugeben und alles 8–10 Minuten kochen, bis die Garnelen gar sind.

5 Speisestärke im Wasser auflösen, in den Wok einrühren. Aufkochen, Nudeln zugeben und alles noch 1–2 Minuten kochen. Garnieren und servieren.

Udon-Nudeln mit Pilzen

Für 4 Personen

250 g Udon-Nudeln

2 EL Sonnenblumenöl

1 rote Zwiebel, in Ringen

1 Knoblauchzehe, zerdrückt

450 g Mischpilze (Shiitake-Pilze, Austernpilze, braune Champignons)

350 g Pak Choi oder Chinakohl

2 EL Mirin oder süßer Sherry

6 EL Sojasauce

4 Frühlingszwiebeln, in Ringen

1 EL Sesamsaat, geröstet

TIPP

Das Angebot an exotischen Speisepilzen ist mittlerweile sehr groß. Falls Sie die angegebenen Pilze nicht finden, können Sie auch Champignons mit abgeflachten Hüten verwenden.

1 Die Nudeln in einem großen Topf mit Wasser 5 Minuten kochen, bis sie bissfest sind. Abgießen und abspülen.

2 Das Öl in einem vorgewärmten großen Wok erhitzen.

3 Zwiebel und Knoblauch in den Wok geben und 2–3 Minuten pfannenrühren.

4 Die Pilze in den Wok geben und ca. 5 Minuten weiterrühren, bis sie gar sind.

5 Die Nudeln gründlich abtropfen lassen.

6 Pak Choi, Nudeln, Mirin und Sojasauce in den Wok geben. Alle Zutaten vermengen und 2–3 Minuten pfannenrühren, bis die Flüssigkeit aufkocht.

7 Die Nudeln mit Pilzen in vorgewärmte Schalen geben, mit Frühlingszwiebeln und geröstetem Sesam bestreuen und sofort servieren.

Reisnudeln mit Pilzen & Tofu

Für 4 Personen

220 g breite Reisnudeln

2 EL Erdnussöl

1 Knoblauchzehe, fein gehackt

2-cm-Stück Ingwerwurzel, fein
    gehackt

4 Schalotten, in dünnen Ringen

70 g Shiitake-Pilze, in Scheiben

100 g fester Tofu, in kleinen Würfeln

2 EL helle Sojasauce

1 EL Reiswein

1 EL Fischsauce

1 EL Erdnussbutter

1 TL Chilisauce

ZUM GARNIEREN

2 EL geröstete Erdnüsse, gehackt

in Streifen geschnittene Basilikum-
    blätter

2 Das Öl in einer Pfanne erhitzen.
Knoblauch, Ingwer und Schalotten darin 1–2 Minuten weich braten.

3 Die Pilze zugeben und weitere
2–3 Minuten braten. Den Tofu
zugeben und unter Rühren leicht
anbraten.

1 Die Reisnudeln in heißem Wasser
gemäß Packungsanweisung einweichen. Gut abtropfen lassen.

4 Sojasauce, Reiswein, Fischsauce,
Erdnussbutter und Chilisauce verrühren. Die Mischung in die Pfanne
geben.

TIPP

Wenn es schnell gehen muss,
verwenden Sie statt der frischen
Shiitake-Pilze getrocknete, eingeweichte und gut abgetropfte
Pilze aus der Dose.

5 Die Reisnudeln zufügen und unter
die Sauce heben. Mit Erdnüssen
und Basilikum garnieren und heiß
servieren.

Hühnchen Chow-Mein

Für 4 Personen

250 g Eiernudeln

2 EL Sonnenblumenöl

275 g Hähnchenbrustfilet, in
   Streifen geschnitten

1 Knoblauchzehe, zerdrückt

1 rote Paprika, entkernt und in
   schmale Streifen geschnitten

6 Frühlingszwiebeln, in Ringen

100 g Shiitake-Pilze, in Scheiben
   geschnitten

100 g Bohnensprossen

3 EL Sojasauce

1 EL Sesamöl

1 Die Eiernudeln in eine Schüssel geben und in größere Stücke brechen. Mit kochendem Wasser übergießen und 10 Minuten einweichen.

2 Inzwischen das Sonnenblumenöl in einem vorgewärmten großen Wok erhitzen. Hühnerfleisch, Knoblauch, Paprika, Frühlingszwiebeln, Pilze und Bohnensprossen in den Wok geben und ca. 5 Minuten pfannenrühren.

3 Das Nudelwasser abgießen. Die Nudeln gut abtropfen und in den Wok geben. Alle Zutaten gut vermengen und 5 Minuten weiterrühren.

4 Sojasauce und Sesamöl über das Chow Mein träufeln und mit den anderen Zutaten mischen.

5 Das fertige Gericht in vorgewärmte Schalen füllen und sofort servieren.

VARIATION

Statt Hähnchenfleisch können Sie auch Gemüse verwenden – so wird es ein vegetarisches Gericht.

Kabeljau mit Mango & Nudeln

Für 4 Personen

250 g Eiernudeln

450 g Kabeljaufilet

1 EL Paprikapulver

2 EL Sonnenblumenöl

1 rote Zwiebel, in Ringen

1 orangefarbene Paprika, entkernt
    und in Streifen geschnitten

1 grüne Paprika, entkernt und in
    Streifen geschnitten

100 g Babymaiskolben, halbiert

1 Mango, in Scheiben

100 g Bohnensprossen

2 EL Tomatenketchup

2 EL helle Sojasauce

2 EL Reiswein

1 TL Speisestärke

1 Die Eiernudeln in einer großen Schüssel mit kochendem Wasser ca. 10 Minuten einweichen.

2 Die Fischfilets säubern. Mit Küchenpapier trockentupfen. Dann in dünne Streifen schneiden.

3 Die Fischstreifen in eine Schale geben, mit dem Paprikapulver bestreuen und darin wenden.

4 Das Öl in einen vorgewärmten großen Wok geben.

5 Zwiebel, Paprika und Mais zugeben und alles ca. 5 Minuten pfannenrühren.

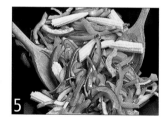

6 Fisch und Mango zufügen. 2–3 Minuten weiterrühren, bis der Fisch gar ist.

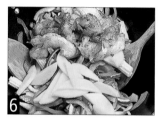

7 Die Bohnensprossen zugeben und gut vermengen.

8 Tomatenketchup, Sojasauce, Reiswein und Speisestärke mischen. In den Wok geben und unter Rühren garen, bis die Flüssigkeit eindickt.

9 Die Nudeln gut abtropfen lassen und in Portionsschalen füllen. Die Fisch-Mango-Mischung aus dem Wok auf separate Schalen verteilen. Sofort zusammen servieren.